KB133466

그림으로 읽는 유럽의 난민

그림으로 읽는 유럽의 난민

구호 현장에서 쓴 생생한 기록

케이트 에번스 지음 | 황승구 옮김

푸른
지식

사진 출처

162쪽: 파스칼 로시뇰(Pascal Rossignol), 〈후슈야르의 집(Hoshyar's shelter)〉

162-163쪽 : 로언 패럴(Rowan Farrell), 〈거리의 최루가스(Tear gas in street)〉

그래픽 로직 011

그림으로 읽는 유럽의 난민
: 구호 현장에서 쓴 생생한 기록

초판 1쇄 발행 2018년 3월 16일
지은이 케이트 에번스
옮긴이 황승구
펴낸이 윤미정

책임편집 차언조
홍보 마케팅 이민영
디자인 엄세희

펴낸곳 푸른지식 | 출판등록 제2011-000056호 2010년 3월 10일
주소 서울특별시 마포구 월드컵북로 16길 41 2층
전화 02)312-2656 | 팩스 02)312-2654
이메일 dreams@greenknowledge.co.kr
블로그 greenknow.blog.me
ISBN 979-11-88370-11-5 03300

이 도서의 국립중앙도서관 출판시도서목록(CIP)은
서지정보유통지원시스템 홈페이지(http://seoji.nl.go.kr)와
국가자료공동목록시스템(http://www.nl.go.kr/kolisnet)에서
이용하실 수 있습니다. (CIP제어번호: CIP2018007407)

유럽 난민촌에서 생생하게 기록한 꿈과 눈물

난민은 왜 유럽으로 향하는가

현재 세계의 전체 난민의 수는 5천만 명이라고 합니다. 난민들의 국적은 다양합니다만 대부분 아프리카와 중동 출신입니다. 튀니지, 나이지리아, 수단, 감비아, 시리아, 아프가니스탄, 이란, 이라크, 파키스탄 등에서 오는 이들이 대다수를 이룹니다. 난민이 생기는 가장 근본적인 이유는 가난과 전쟁입니다. 난민들이 조국을 떠나 목숨을 걸고 유럽으로 가는 이유는 삶에서 오랜 기간에 걸쳐 쌓여온 절망 때문입니다. 난민들은 더 나은 미래에 대한 희망을 품고 유럽으로 향합니다. 유럽으로 향하는 난민의 행렬은 지금도 계속되고 있습니다. 유럽이라는 희망을 향해 몇 달이 걸리든 몇 년이 걸리든 여행길을 포기하지 않고 있습니다. 터키에서 그리스로, 리비아나 이집트에서 이탈리아로, 또는 지브롤터 해협을 넘어 스페인으로 오고 있습니다. 2015년 한 해에만 100만 명의 난민들이 유럽으로 들어왔으며, 터키에서 그리스로 배를 타고 들어온 난민도 84만 명이나 됐습니다. 난민들은 1인당 수백만 원의 돈을 국제 밀수조직에 지불한 뒤 이 조직의 도움을 받아 유럽으로 들어오는 불법 이민까지도 강행하고 있습니다. 여행 도중에 병에 걸리거나 굶주림으로, 아니면 배가 뒤집혀 목숨을 잃기도 합니다. 국제 밀수조직의 열악한 배를 타고 지중해를 건너다 해마다 3000명 이상의 아프리카 난민이 바다에 빠져 죽는다는 통계도 있습니다. 심지어는 여행 도중 강도나 지역 경찰들에게 가진 돈을 다 뺏기거나 타국의 감옥에서 심한 고생을 하기도 합니다.

난민들에 대해 유럽의 문을 닫기를 주장하는 유럽의 우파 정치인들은 모든 난민을 전쟁 등의 정치적인 이유보다는 경제적인 이유로 유입된 난민이라고 주장하고 있습니다. 최근 전쟁으로 인해 탈출해온 시리아 난민도 굳이 유럽으로 들어올 필요가 없다고 주장합니다. 같은 중동 국가인 터키도 안전한 곳이고 그리스나 발칸 국가들도 안전한 곳인데 왜 굳이 서유럽으로 오느냐는 질문을 던집니다. 하지만 난민들의 입장은 다릅니다. 몇 년 동안 전쟁이 끝나기를 기다렸지만, 전쟁은 전혀 끝날 기미를 보이지 않고 있습니다. 그리고 난민들에게 텐트만 제공하는 열악한 중동이나 아프리카보다는 임금도 월등히 높고 일자리도 많은 유럽이 훨씬 매력적입니다. 한 달 월급이 독일이나 영국의 하루 일당보다 훨씬 낮다면 당연히 국경을 넘는 난민들이 발생하기 마련입니다. 파키스탄 사람들이 필사적으로 유럽으로 오는 이유도 이 때문입니다. 무엇보다도 자녀들의 미래를 생각한다면 제대로 교육받아 안정된 삶을 누릴 수 있는 곳으로 옮겨갈 생각을 하는 건 당연합니다. 유럽은 비록 난민들의 고국에서 수천 킬로미터나 떨어져 있지만, 그들에겐 가장 가까운 희망입니다.

유럽의 대표적인 난민촌 '정글'의 탄생과 철거

1998년 세르비아 코소보(Kosovo) 지역에서 분리 독립을 요구하는 알바니아계와 세르비아계 주민이 유혈 충돌하면서 내전이 발생합니다. 1999년에 북대서양조약기구(NATO)가 코소보를 폭격하자 코소보에 있던 알바니아 난민들이 영국으로 가기 위해 프랑스의 항구 도시 칼레(Calais)로 모여들었습니다. 코소보 난민들뿐만 아니라 이라크와 이란에서 온 난민까지 1000명 이상 모여들자 프랑스 정부는 칼레 항구와 가까운 곳에 난민 센터를 건설했습니다. 그러자 아프리카 대륙의 난민들도 프랑스로 몰려들었습니다. 굳이 영국이 목적지가 아니어도 단지 몸을 피하고자 몰려온 난민들까지 합세하면서 북새통을 이뤘습니다. 난민 캠프가 수용 한계를 넘기자, 난민들은 자원봉사자들의 도움을 받아 곳곳에 천막을 건설했습니다. 난민들이 건설한 천막촌은 열악한 환경 때문에 '정글(Jungle)'이라는 이름으로 유명해지면서 세계의 이목을 집중시켰습니다. 이곳 난민들의 지옥 같은 삶 때문에 난민 인권의 사각지대로서 계속 세계 언론의 주요 이슈로 떠올랐습니다. 프랑스 정부는 비인간적인 난민 정책의 결과물인 정글로 인해 세계 여론의 지속적인 비판을 받자 결국 경찰력을 동원해 정글을 강제로 철거하기에 이르렀습니다. 정글 철거가 종료된 2016년 10월 당시 난민들 숫자는 1만 명을 헤아릴 정도로 불어나 있었습니다.

칼레로 온 난민들은 영국으로 가기 위해 생사를 무릅쓰고서 트럭에 매달리거나 배에 몸을 숨깁니다. 이들 중에는 영국에 이미 가족이나 친지를 둔 사람이 많습니다. 영국에 들어가서 가족들을 만나기만 하면 삶이 훨씬 용이해진다고 믿고 있습니다. 난민들이 영국으로 가려고 하는 다른 이유를 들자면 프랑스의 적대적인 난민 정책을 꼽을 수 있습니다. 프랑스 정부가 매년 거부하는 난민 신청자의 비율은 74퍼센트 정도 됩니다. 난민들은 난민 신청을 한다 해도 대다수가 거부된다는 사실 때문에 아예 영국으로 방향을 틀고 있습니다. 프랑스보다 영국이 난민 신청을 더 관대하게 받아준다고 믿고 있습니다. 그리고 프랑스에서는 설사 난민으로 받아들여진다 해도 프랑스어를 할 줄 모르면 직업을 가지기가 힘들어 영국을 선호합니다. 1997년 발효된 더블린조약은 난민이 최초로 발을 밟은 유럽 국가에서 망명 신청을 해야 하며 다른 국가에서 중복해서 신청하는 것은 불가하다고 규정합니다. 그래서 영국으로 가기를 원하는 난민들은 신원 노출을 꺼리며 미등록 난민으로 정글에서 생활해왔습니다.

그러나 보수당이 집권한 영국 정부는 난민들이 들어오는 것을 쉽게 허용하지 않고 있습니다. 반면에 영국 노동당은 난민들을 적극적으로 수용하려는 입장을 가지면서 보수당과 갈등을 빚어왔습니다. 어쨌든 지금도 영국 사회도 난민에 대한 논쟁으로 인해 극심한 분열을 겪고 있는 실정입니다.

정글이 철거되자 난민들은 프랑스 전역으로 흩어졌지만, 다시 정글이 있던 자리로 모여들고 있습니다. 칼레 정글의 삶이 프랑스 정부가 난민들에게 새로이 제공하는 거주지보다 차라리 더 낫다고 여겨서입니다. 난민들은 프랑스 정부로부터 운이 좋으면 환경이 좋은 숙소를 제공받지만 대부분은 비참한 조건의 숙소를 제공받는다고 합니다. 게다가 자유롭지 못한 생활 때문에 칼레로 다시 발길을 돌리는 경우가 많습니다. 현재 1000여 명이 정글로 다시 모였지만 프랑스 정부는 다시는 칼레에 난민촌을 허용하지 않겠다는 강력한 입장을 천명해왔습니다. 그렇기에 이전처럼 정글이 만들어지지는 않을 것입니다. 그러나 정글이 폐쇄되면서 남겼던 상처는 인류의 기억 속에 영원히 남을 것입니다.

자원봉사자가 칼레 구호 현장에서 쓴 생생한 기록

이 책의 작가 케이트 에번스는 칼레 정글이 철거되기 직전까지 자원봉사자로서 난민들에게 필요한 것들을 직접 공급하며 살았던 삶을 만화 형식으로 기록했습니다. 이 책을 읽고 나면 '테러리스트', '범죄자', '저임금 노동자', '세금 낭비하는 사람', '사회 수준을 떨어뜨리는 주범', '이슬람 극단주의자'와 같은 난민들에 대한 부정적인 선입견이 말끔히 가셔버릴 것입니다. 대신에 난민들도 우리와 같은 사람들이며 평화를 사랑하고 일하기를 원하고 있고 가족들을 걱정하고 돌보는 가장들이라는 사실을 알 수 있습니다. 무엇보다도 이들이 이곳까지 온 건 단지 돈을 더 벌어보겠다고 온 게 아니라 희망을 품고 왔다는 사실도 읽을 수 있습니다. 작가는 난민의 지옥 같은 생활을 보여주면서도 그 속에서도 다양한 문화가 창조되고 함께 누리는 삶이 있음을 증언하고 있습니다.

필자도 오랫동안 난민들을 만나왔습니다. 무엇보다도 이 책을 읽는 동안 스스로 경험했던 시리아 접경지대의 난민들이 떠올랐습니다. 2014년도에 시리아의 코바니(Kobani)에서 전쟁을 피해 터키의 접경도시인 수르트(Suruc)로 넘어온 시리아 출신의 쿠르드 난민들의 이야기와 하나도 다를 바 없었습니다. 이들 중에서도 많은 사람들이 프랑스 칼레의 정글로 갔을 것입니다. 당시 이들은 힘겨운 삶 속에서도 내게 따뜻한 차 한 잔과 음식을 나누려고 애썼습니다. 필자는 당시 쿠르드 난민들의 따뜻한 인간미를 경험하면서 유럽인들보다는 훨씬 더 나은 사람들이라 느꼈습니다. 이들이 유럽에 들어가서 차가운 논리나 내세우고 돈 계산만 일삼는 유럽인들을 인간애로 감동시키고 교육해야 한다는 생각도 했습니다.

난민들은 지구상에서 영원히 사라져야 하며 난민이란 단어조차도 사라져야 합니다. 이것을 위해서는 전쟁이 사라지고 평화가 와야 합니다. 즉, 난민 문제의 근본적인 해결책은 무엇보다도 평화입니다. 이와 더불어 국가 간의 빈부격차도 줄어야 합니다. 난민 문제가 당장 해결되기는 불가능합니다. 난민들이 유럽에서 시리아로 아프간으로 이라크로 다시 돌아가기까지는 수십 년이 걸릴 것입니다. 그때까지 세계는 난민들과 함께 고통을 나눌 수밖에 없습니다. 무엇보다도 세계가 이들과 함께 어느 정도까지 고통을 나누느냐에 따라 세계의 미래는 결정될 것입니다. 끝으로 이 책의 작가가 그려낸 난민들의 생생한 삶의 기록들을 통해 이들의 삶을 제대로 이해하고 함께했으면 하는 바람도 덧붙입니다.

2018년 3월

하영식(국제분쟁전문기자)

2003년 아시아 언론인으로서는 최초로 이라크 북부 칸딜산에 주둔한 쿠르드 게릴라 기지를 방문해 취재한 국제분쟁전문기자이다. 지금까지 세계 곳곳의 분쟁 문제에 관해 《한겨레》, 《경향신문》, 《레디앙》에 기고해왔다. 전 세계뿐만 아니라, 시베리아 횡단을 일곱 번이나 한 여행가이기도 하다. 쓴 책으로는 『굿바이 바그다드』, 『세상에서 가장 느린 여행』, 『남미 인권 기행』, 『얼음의 땅 뜨거운 기억』, 『IS, 분쟁전문 기자 하영식 IS를 말하다』 등이 있다.

2015년, 100만 명이 넘는 난민들이 유럽에 도착했다.

(그 과정에서 적어도 3375명이 목숨을 잃었다.)

수많은 사람들 가운데 프랑스의 칼레에 도착한
수천 명의 난민이 영국으로 위험한 횡단을 시도한다.

이 책은 그들의 이야기에서 극히 일부만 옮겨온 것이다.

차 례

이 책에 등장하는 인물은 실제 인물을 보호하기 위해
신원을 수정했다. 일부는 가상인물이다.

하지만 여러분이 읽을 이 책의 이야기는 모두 실제로 일어난 일이다.

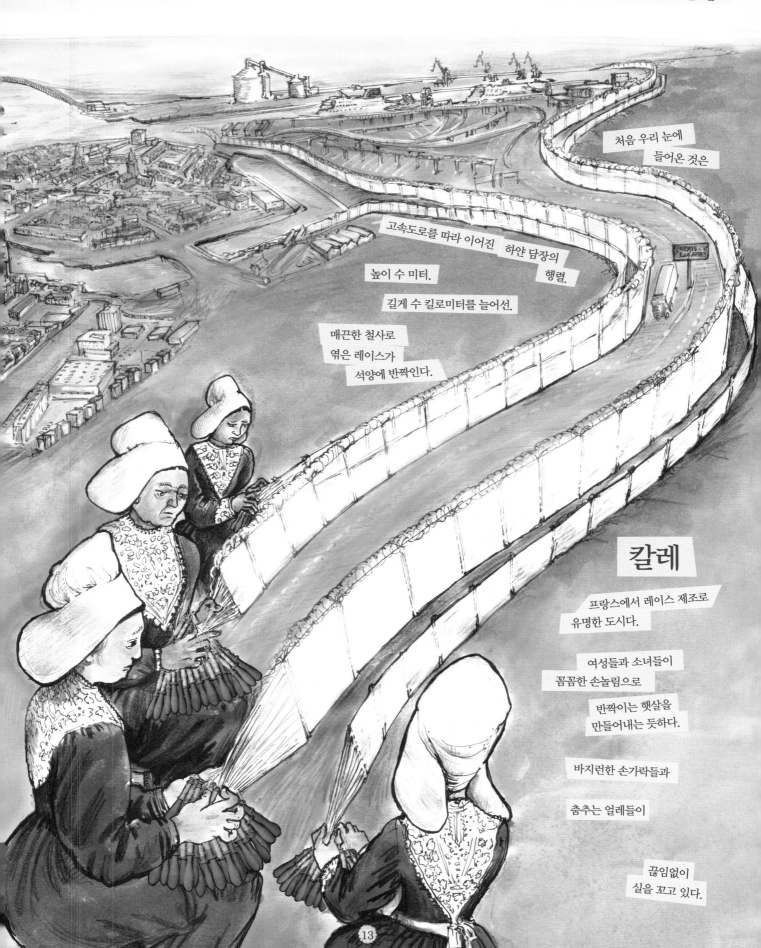

처음 우리 눈에 들어온 것은

고속도로를 따라 이어진 하얀 담장의 행렬.

높이 수 미터.

길게 수 킬로미터를 늘어선.

매끈한 철사로 엮은 레이스가 석양에 반짝인다.

칼레

프랑스에서 레이스 제조로 유명한 도시다.

여성들과 소녀들이 꼼꼼한 손놀림으로

반짝이는 햇살을 만들어내는 듯하다.

바지런한 손가락들과

춤추는 얼레들이

끊임없이 실을 꼬고 있다.

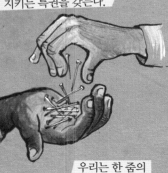

칼레 난민촌은 '정글'이라는 별명으로 불린다.

정글에 승합차 한 대가 멈춰서서 우스꽝스럽게 생긴 모자를 아프리카 사람들에게 나눠준다.

마린 르펜은 지방 선거에서 선두를 달리고 있다.

르펜이 난민 위기를 해결하겠다는데.

모자 멋진데!

누가?

기괴한 모자는 주변과 어울리지 않는 이질적인 분위기를 출하는 것을 넘어 그들을 나치 침략자처럼 보이게 한다.

마린 르펜 말이야. 우리 모두가 전쟁 중인 나라로 가서 커다란 장벽을 세우고 그 안에 사람들을 가둬야 한대.

그녀가 승리한다면, 그녀는 대통령 선거에 출마할 것이다.

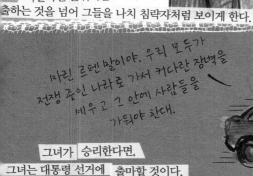

기똥찬 생각이다. 르펜이 모범을 보이면 되겠네! 르펜을 시리아와 이라크 국경으로 보내버리자.

그나저나 이름이 '마린'이면 무슨 해병대냐?

여동생 이름은 뭐래? 돌격대? 특수부대?

나는 숙소의 방문을 연다.

전날 밤에 산 값비싼 프랑스산 치즈와 와인을 먹어도 아무 맛도 느끼지 못한다.

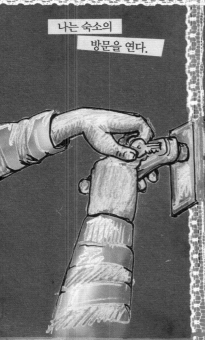

17

우리는 기부받은 물품을 정리하는 자선단체
'이민자들의 여인숙(L'Auberge des Migrants)' 창고로 향한다.

아일랜드에서 두 대의 트럭이 왔다.
모든 물품이 분류되어 상자에 담겨 있고,
물품에 대한 설명도 표시되어 있다.
그들은 물건을 내리는 데 필요한
지게차 운전사까지 파견했다.

이 광경을 보고
나는 눈물을 흘린다.
인정 많은 아일랜드
할머니들이 했던 말이
생각났다. "추위에 떨게 할 수
없지, 추위에 떨면 안 돼."

나는 눈물을 닦고, 침낭을 내리는 인간 사슬에 합류한다.

창고 안에서는
자원봉사자들이
혼란을 정리하느라
여념이 없다.

웅장한 발라드

일부 기증품은
현실적으로 도움이 되지 않는다.

이게 뭐야? 물안경?
난민들이 도버*까지
헤엄쳐 가는 줄
알아!

굽 높은 샌들?
장난하나?

전 화요일부터 담요를
담당했어요. 멋진 일은
아니지만 꼭 필요한
일이죠.

담요를 개서…
세 군데에 쌓은 다음
끈으로 묶어요.

창고의 물품은
들어오자마자 다시 정글로 발송된다.

오늘은 난민 200명이 더 들어왔다.

*Dover, 영국 잉글랜드 남동부의 항구 도시.
프랑스와는 약 34킬로미터 떨어져 있다. ─역주

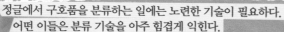

정글에서 구호품을 분류하는 일에는 노련한 기술이 필요하다. 어떤 이들은 분류 기술을 아주 힘겹게 익힌다.

폭동이 일어났어요.

구호 천막에 물품을 갖다 두라는 지시를 받았어요. 승합차에서 내려서 책임자를 찾았는데, 예상했던 대로 그곳에 있더라고요. 그런데 승합차에 다시 돌아왔을 때 300명이나 되는 사람들이 줄을 서 있었어요.

그래서 물건을 하나씩 나눠주기 시작했죠. 그런데 어떤 사람이 새치기를 했어요. 그러자 아랍 사람과 아프리카 사람 사이에 큰 싸움이 벌어졌고 난장판이 따로 없었죠.

차 앞 유리가 깨지고… 어린 아이들이 짓밟히고… 그는 팔이 부러졌다.

차 한 잔 마셔야겠어요.

스코틀랜드에서 왔나요?

글래스고*요.

* Glasgow. 영국 스코틀랜드에 있는 도시. -역주

외국어 좀 해요?

아, 전 힌디어를 알아요, 별 도움은 안 되죠. 하지만 친구의 장인이 이곳에 있습니다.

캠프에서 그분을 빼내서 스코틀랜드에 보내고 싶겠어요.

하지만 불가능한 일이죠.

정말 안타까워요.

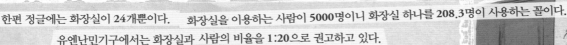

한편 정글에는 화장실이 24개뿐이다. 화장실을 이용하는 사람이 5000명이니 화장실 하나를 208.3명이 사용하는 꼴이다.

유엔난민기구에서는 화장실과 사람의 비율을 1:20으로 권고하고 있다.

창고로 돌아갔어야 했어.

참을 수 있을 줄 알았는데.

(부들부들)

여기에는 쥐들이 있다.

하수구는 없다.

모기들이 물웅덩이에 알을 깐다.

여기 식수를 검사해 보니 대변에 오염되었다는 결과가 나온 거 알아?

으악!

나는 가게에서 콜라 한 캔을 산다.

친구는 한 노인이 작은 기계로 말아놓은 담배를 산다.

상점

20

그래서 그들은 고향을 떠나고, 맹목적으로 희망을 품는다.

데이비드 캐머런* 말이요, 좋은 사람이죠? 그렇죠?

어…

*David Cameron, 2010년 5월부터 2016년 7월까지 영국 총리를 역임했다. —역주

어떻게 답해야 할지 난감하다.

영국 총리는 어쩌면 개인적으로는 괜찮은 사람일지도 모른다. 그러나

그가 '당신 민족의 머리 위에 화학무기를 쏟아 붓고' 있는데 어떻게 그를

'나쁜' 사람이 아니라고 말할까?

데이비드 캐머런, 그는 괜찮은 정치인이에

아담한 체구의 아프가니스탄 할아버지는 날개를 다친 새처럼 팔을 접고 있다.

노인은 내 친구 제트가 의학을 공부했다는 사실을 알고 조심스럽게 복부의 상처를 보여준다.

상처는 오래된 비닐봉지와 테이프로 덮여 있었다.

세계의사협회는 난민촌 안에서 무료 진료를 한다. 하지만 난민들은 협회 측에서 진료 기록과 환자 명단을 작성하는 게 너무나 부담스럽다.

할아버지는 정부에 자기 위치가 알려지는 것을 두려워한 다른 국가를 통하여 유럽에 들어왔다는 사실이 밝혀진다면, 영국으로의 망명은 거부당할 것이다.

아일랜드 간호사들이 그의 상처를 소독한다. 그 어떤 질문도 하지 않는다.

늙었을 때 전쟁이 나면 난 그냥 포기하는 게 답이라고 생각했어. 모든 걸 버리고 지구를 반 바퀴씩이나 돌아서 말 한마디 안 통하는 나라에 가느니 말이야.

하지만 이 할아버지를 봐. 부인은 죽었지. 외아들은 영국 리버풀에 살고 있는데 거긴 동안 못 만났어. 게다가 한 번도 만난 적 없는 손자도 있다고. 할아버지 입장에서 영국으로 가는 것 말고 달리 뭘 할 수 있겠어?

다음날 이른 아침에 미군은 아프가니스탄 쿤두즈에 있는

국경없는의사회*에 폭탄을 떨어뜨린다.

국경없는의사회의 좌표를 미군이

알고 있었지만 어찌 된 일인지 폭탄은 정확히 병원 본관에 떨어졌다.

한 시간 이상 폭격이 계속되었다.

엄청난 폭격 때문에 국경없는의사회는 그 지역에서 철수하고, 아프가니스탄 북동부의 유일한 의료 시설은 사라진다.

* Medecins Sans Frontieres, 1968년 설립된 세계 최대의 국제 민간 의료구호단체이다. 전 세계 20개국에 사무소를 두고 있다. —역주

평소보다 더 적막한 아침이다.

대부분의 난민촌 사람들이 트럭이나 를 어떻게든 얻어 타려고 꼬박 밤을 새웠기 때문이다.

두들겨 맞고, 최루가스와 후추 스프레이 세례를 받으면서.

후추 스프레이에 맞았을 때 이걸 써요. 사과 식초랑 물이에요. 이걸 뿌려요.

비비지 말아요. 얼굴에 손대지 마요.

물안경! 창고에 있는 박스에 물안경이 가득했어. 그거 다 갖다 버렸는데!

당연히 물안경이 굉장히 요긴하지.

두 개의 삶의 실타래가 불규칙적으로 나아간다.

시간을 거슬러 올라가 매듭을 지으면 얼마나 좋을까.

판자촌 건설이 눈앞에 다가온다.

재를 아끼려고요, 시겠죠?

테라스를 짓기 시작했네요.

비가 올 때 이 '문'들이 잘 버텨줄까 모르겠네요.

알다시피 이 건물은 공공 지원 주택의 미래예요.

그러게요. 하지만 합판은 다 떨어졌는데 우리가 뭘 할 수 있겠어요?

그렇지만 지금은 해가 반짝인다.

나는 공구 보관소로 돌아온다. 무언가를 얻으려고 온 한 남자와 웃으면서 이야기를 나눈다.

내 이름은 타이거예요. 타이거! 어흥, 으르렁!

난 케이트라고 해요. 어디서 왔어요? 툰데에서 왔어요. 미안해요. 들어본 적이 없…아! 에리오피아에서 왔군요!

나의 가족, 끝났어. 내 여자친구, 끝.

여자 친구랑 헤어졌다니 아주 나쁜 남자군요.

기타도, 끝.

타이거 씨는 음악가인가요?

마침 창고에 기타가 한 대 있었다. 여분의 기타 줄까지 기타 목에 잘 매달려 있었다. 그에게 기타를 갖다 주고 싶지만 우리는 오늘 밤 난민촌을 떠난다. 나는 그를 다시는 만날 수 없을 것이다.

그는 아름다운 노래를 부르는데 아마도 "태양은 빛난다"라는 노래 구절의 단어를 바꿔서 풀이한 듯하다.

영국의 태양은 빛난다.

그리고 그의 친구들은 환호하며 발장단을 맞춘다.

나는 그 사람들에게 영국이란 나라가 햇빛 찬란한 곳이 아니라고 차마 말하지 못한다.

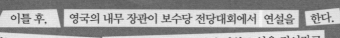

이틀 후, 영국의 내무 장관이 보수당 전당대회에서 연설을 한다. 그녀는 거짓말을 하면서 이민자에게 어떤 경제적 지원도 없을 것이라고 단언한다.

* Theresa May, 2016년 7월 영국의 제57대 총리로 취임했다. —역

테리사 메이*는 망명을 신청하지 못한 사람들을 즉시 국외로 추방할 것이다. 애초 내무부에서 내놓은 망명 정책 30퍼센트가 뒤집히고 있다는 사실은 개의치 않는다.

이민자가 너무 많으면 화합하는 사회를 건설할 수 없습니다… 우리는 이민을 중단할 것입니다!

맙소사!

마린 르펜한테 언니가 있었네…

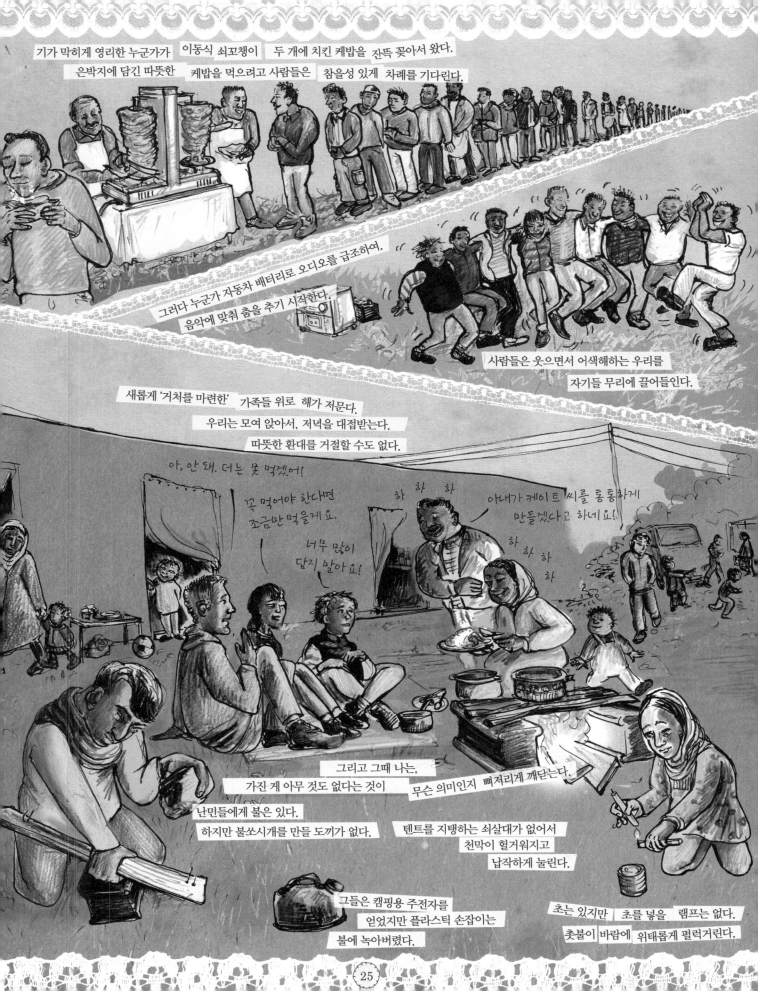

기가 막히게 영리한 누군가가 이동식 쇠꼬챙이 두 개에 치킨 케밥을 잔뜩 꽂아서 왔다.
은박지에 담긴 따뜻한 케밥을 먹으려고 사람들은 참을성 있게 차례를 기다린다.

그러다 누군가 자동차 배터리로 오디오를 급조하여, 음악에 맞춰 춤을 추기 시작한다.

사람들은 웃으면서 어색해하는 우리를 자기들 무리에 끌어들인다.

새롭게 '거처를 마련한' 가족들 위로 해가 저문다.
우리는 모여 앉아서, 저녁을 대접받는다.
따뜻한 환대를 거절할 수도 없다.

아, 안 돼. 더는 못 먹겠어!

꼭 먹어야 한다면 조금만 먹을게요.

너무 많이 담지 말아요!

하 하 하

아내가 케이트 씨를 통통하게 만들겠다고 하네요!

하 하 하 하

그리고 그때 나는, 가진 게 아무 것도 없다는 것이 무슨 의미인지 뼈저리게 깨닫는다.

난민들에게 불은 있다.
하지만 불쏘시개를 만들 도끼가 없다.

텐트를 지탱하는 쇠살대가 없어서 천막이 헐거워지고 납작하게 눌린다.

그들은 캠핑용 주전자를 얻었지만 플라스틱 손잡이는 불에 녹아버렸다.

초는 있지만 초를 넣을 램프는 없다.
촛불이 바람에 위태롭게 펄럭거린다.

그럼에도 슬퍼할 겨를이 없다. 꼬마 에브서는 웃는다!

우리는 희미한 빛 속에서 한 시간 이상 공놀이를 한다.

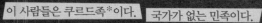

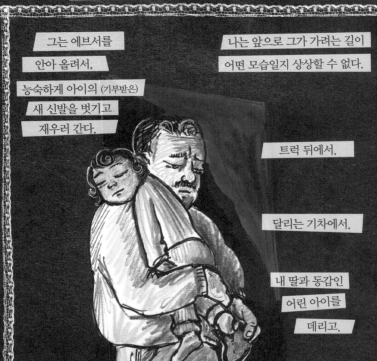

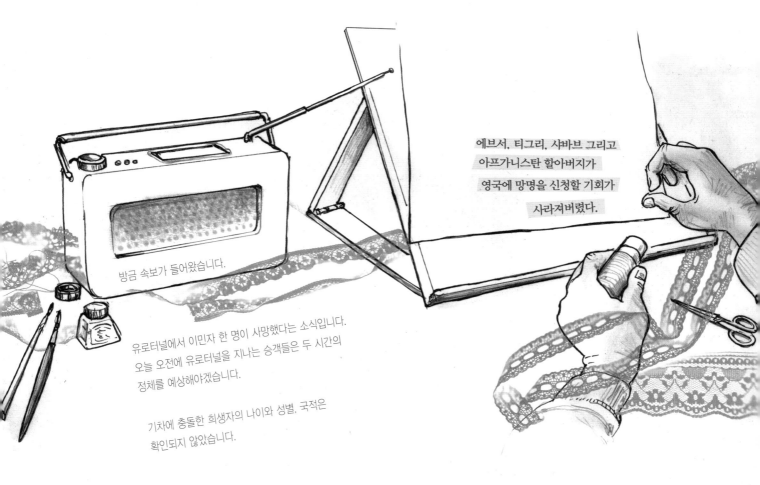

방금 속보가 들어왔습니다.

에브서, 티그리, 샤바브 그리고
아프가니스탄 할아버지가
영국에 망명을 신청할 기회가
사라져버렸다.

유로터널에서 이민자 한 명이 사망했다는 소식입니다.
오늘 오전에 유로터널을 지나는 승객들은 두 시간의
정체를 예상해야겠습니다.

기차에 충돌한 희생자의 나이와 성별, 국적은
확인되지 않았습니다.

그들 누구에게나 벌어질 수 있는 일이다.

삑 소리와 함께 휴대전화가 켜진다.

활발한 의견 제시와

비판이 이어진다.

영국에서는 난민 수용을 반대하는 목소리도 언제나 높다.

휴대전화를 켜면 언제나 그러한 비판을 마주할 수 있다.

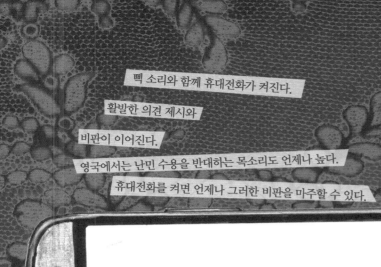

케이트 에번스의 작품은 러시아 혁명가 레닌이 만들기라도 한 것처럼 과격하다.

그저 이슬람 극단주의자 남성들을 옹호하는 자극적인 선전일 뿐이다.

난민들은 유럽 북부를 침입하여 전쟁을 일으킨다.

인종적, 종교적으로 매우 편협하고 증오심이 가득한 이들이 전쟁으로

고국을 망가뜨리지 않았다면 애초에 난민 문제는 생기지 않았을 것이다.

전 세계는 가뭄과 오염 등의 환경 문제와 기아 문제로 몸살을 앓고 있으며 국가 간
자원 전쟁도 극심하다. 이런 상황에서 어떤 나라가 난민을 계속 지원할 수 있을까?
영국은 이제부터라도 단호하게 선을 그어야 하지 않겠는가?
난민들에게 피난처를 제공해야 한다고 생각한다면 이렇게 묻겠다. 자원과 터전, 일자리,
주거지가 무한정 존재한다고 생각하는가? 내가 난민이라면, 쓰레기 더미 곁에서 보조금에
의지해서 겨우 사느니 차라리 다른 길을 선택하겠다.
누구든 난민을 두둔하는 사람은 조잡한 신념을 가진 거짓된 인도주의자일 뿐이다.
마치 난민들의 헐거운 천막 벽처럼 말이다. 그리고 고장 난 자물쇠처럼 사람들의
비판을 회피하려고만 한다.

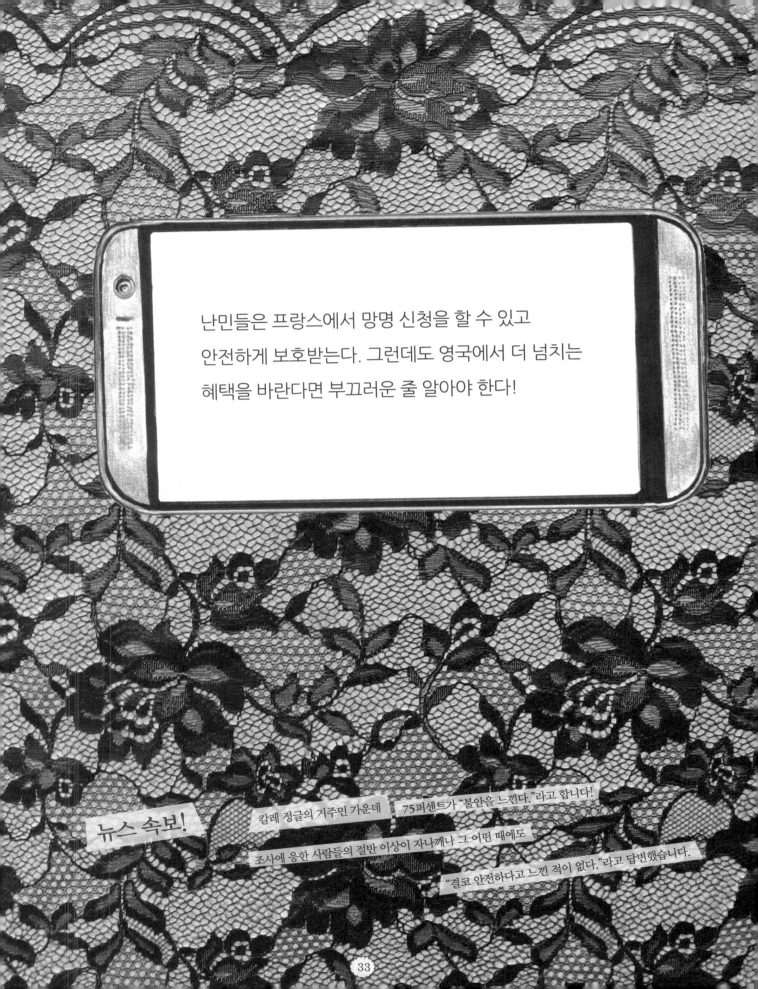

난민들은 프랑스에서 망명 신청을 할 수 있고
안전하게 보호받는다. 그런데도 영국에서 더 넘치는
혜택을 바란다면 부끄러운 줄 알아야 한다!

뉴스 속보! 칼레 정글의 거주민 가운데 75퍼센트가 "불안을 느낀다."라고 합니다!

조사에 응한 사람들의 절반 이상이 자나깨나 그 어떤 때에도

"결코 안전하다고 느낀 적이 없다."라고 답변했습니다.

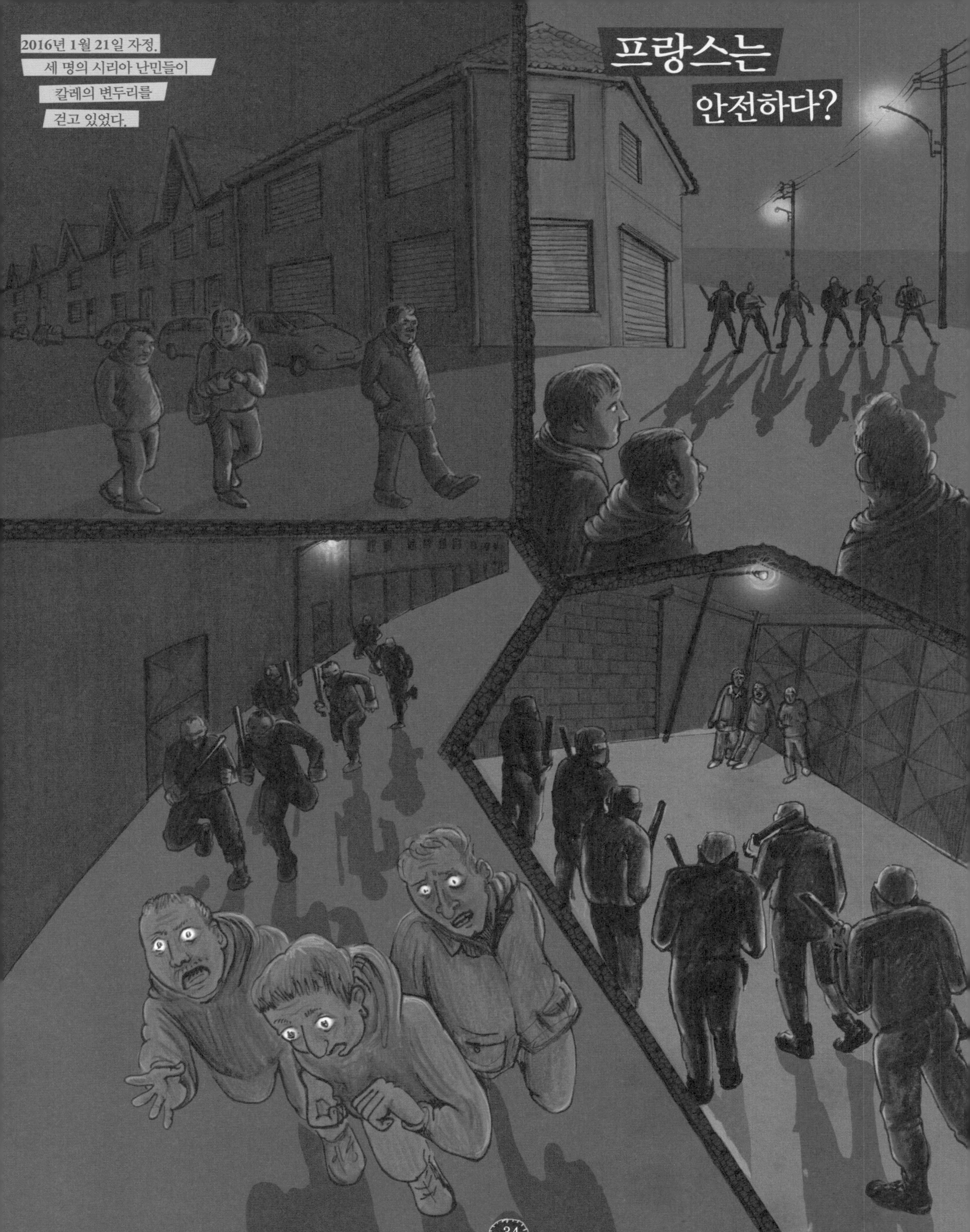
2016년 1월 21일 자정.
세 명의 시리아 난민들이
칼레의 변두리를
걷고 있었다.
프랑스는
안전하다?

"그 사람들은 여섯 명이었고, 우리는 셋이었습니다."

"곤봉을 들고 있었어요."

"총도 있었어요."

"우리가 뭘 할 수 있겠습니까?"

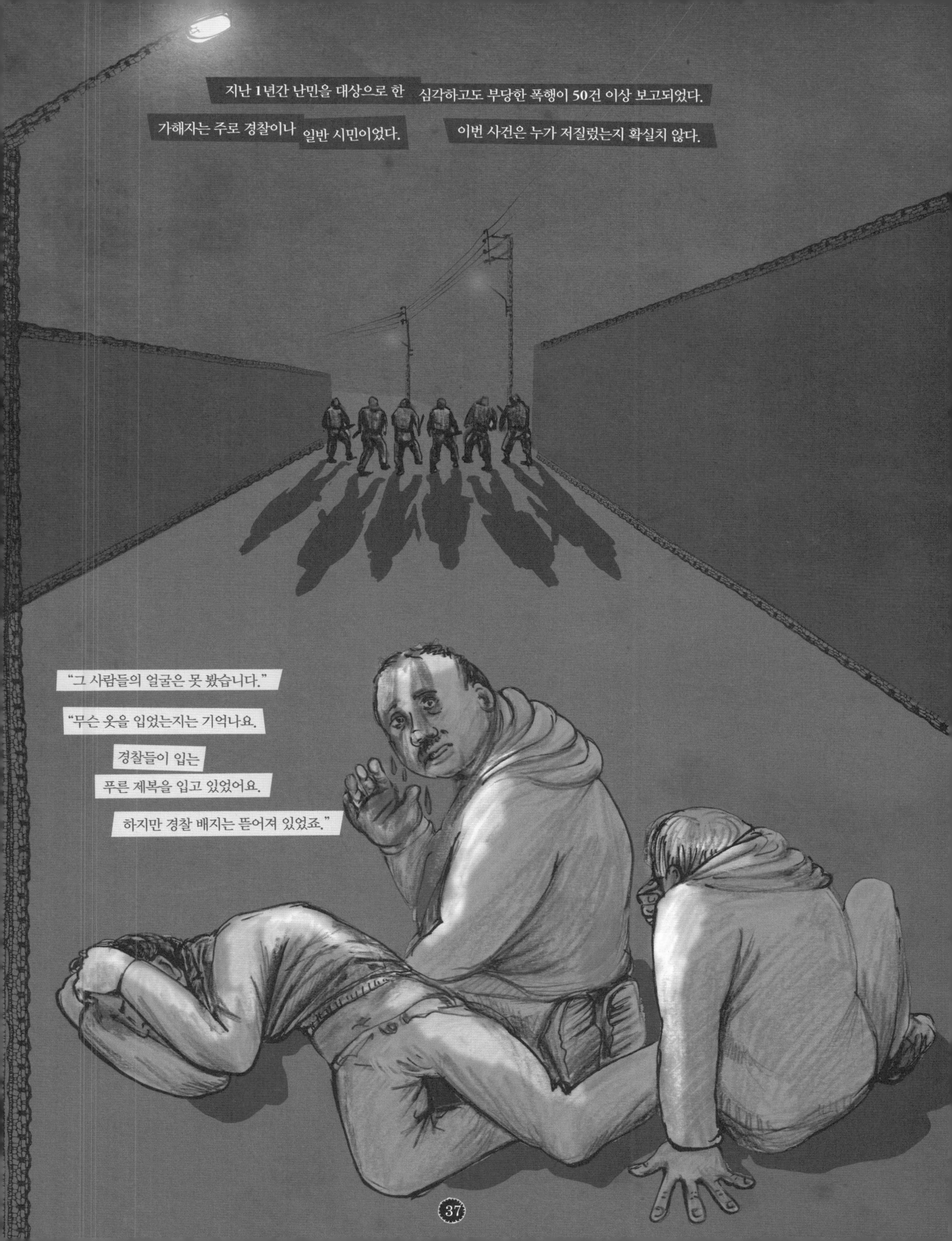

지난 1년간 난민을 대상으로 한 심각하고도 부당한 폭행이 50건 이상 보고되었다.

가해자는 주로 경찰이나 일반 시민이었다. 이번 사건은 누가 저질렀는지 확실치 않다.

"그 사람들의 얼굴은 못 봤습니다."

"무슨 옷을 입었는지는 기억나요.

경찰들이 입는
푸른 제복을 입고 있었어요.

하지만 경찰 배지는 뜯어져 있었죠."

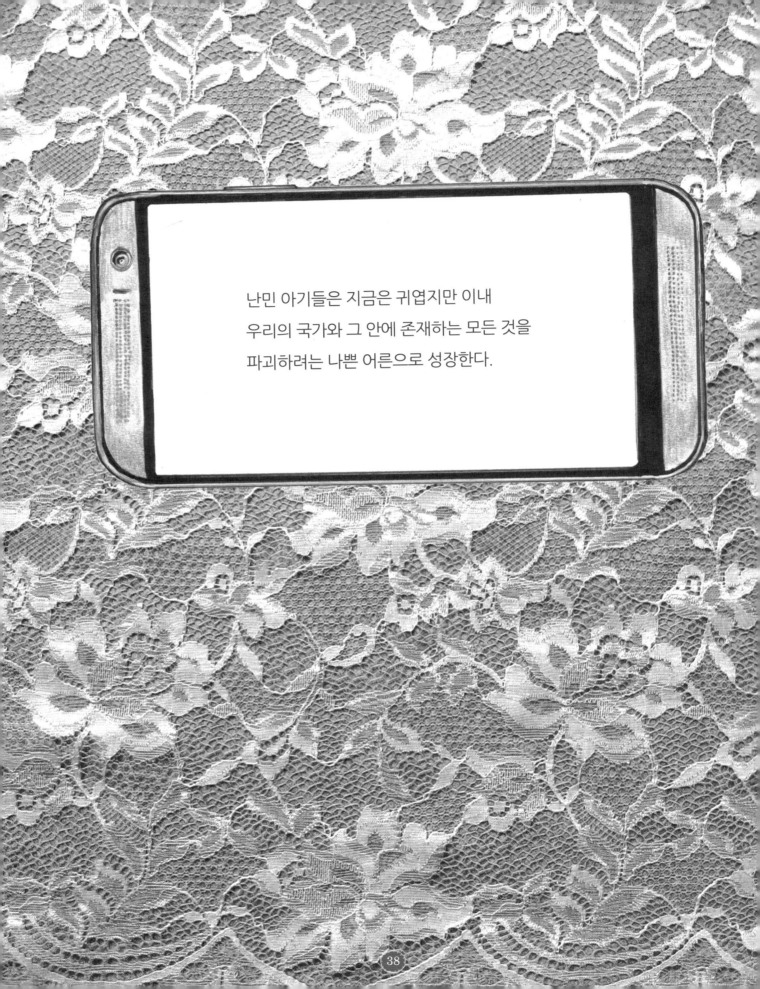

난민 아기들은 지금은 귀엽지만 이내
우리의 국가와 그 안에 존재하는 모든 것을
파괴하려는 나쁜 어른으로 성장한다.

꽃

재

사랑

하트무늬

"그림에는 수많은 국기와 수많은 고향이 있어요.
사람들은 고향을 그리워하죠.
그들에겐 고향에 대한 마음을 표현할 방법이 필요했어요."

수는 정글에서 언어와 문화적 경계를 허무는 방법을 발견했다. 바로 그림이었다.

다른 사람들이 정글의 난민을 어떻게 생각하는지 모르겠지만 나는 늘 이런 모습부터 떠올라요. 엎드려서 사인펜으로 색칠을 하는 어른.

당일치기 자원봉사

2016년 1월 12일

1월이다. 날이 춥다.

예산이 더 넉넉했더라면 우리는……

담요와 침낭도
샀을 것이다.

운동복 바지,
너무 크지 않는 것으로……

중간 사이즈,
작은 사이즈
그리고 가장 작은
사이즈

새 속옷도
작은 사이즈로

깨끗하고, 보송보송
양말들……

방수 운동화와 부츠,
사이즈는 260, 265, 270.

수많은 난민들은 이런 물품이
절실하지만 단 한 번도
넉넉히 보급받은 적이 없다.

이런 물품을
살 돈이 우리에게
없다.

정말 중요한
품목!

여기서 필요한 물품을 밝혀둔다.
당신도 난민을 위해 직접 물건을 구매할 수 있으니까.

"정글 같은 곳이 버젓이 있는데 어떻게 내가 파산하지 않는지 종종 의문이다."

정글을 마지막으로 다녀오고 | 10주가 지났다.

풍경이 180도 변했다.

집들 좀 봐!

카라반도 있네!

사람들을 천막에서 재우지 않으려나 봐.

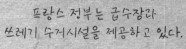

프랑스 정부는 급수장라 쓰레기 수거시설을 제공하고 있다.

더 일찍 했더라면 좋았을걸!

국경없는의사회가 프랑스 정부가 난민을 방치한다며 고소했기 때문에 이런 시설을 만든 거야. 국경없는의사회가 새로운 길을 열어주었어.

국경없는의사회가 고소한 거야?

응, 하지만 애매한 판결이 나왔어.
판사는 자원봉사자들이 음식을 제공하고
주거지를 마련하는 일을 아주 잘하고 있기 때문에
프랑스 당국이 굳이 나설 필요는 없다는 판결을 내렸지.

그래서 우리가 계속
할 수밖에 없는 거야.

지금 하는 일이 과연 옳은 일인지 모르겠다고 했지.
우리는 신념에 따라 난민을 돕고 있어.
하지만 언젠가는 한계에 부딪힐 거야.
안 그래?

그런 상황에서
갑자기 도움의
손길이 없어지면
수많은 사람들이
피해를 보잖아.

법률 사무소

FOR NEW PEOPLE

여기 살던 가족들은 다 어디 갔을까?
우리가 집 지어줬던 사람들 말이야.

여기는 캠프
끝자락이야.
어느 날 밤에
경찰이 들어와서
자고 있는 아이들에게
최루가스를 뿌렸어.
쿠르드 가족들은
됭케르크*로 이동했어.

*Dunkerque. 프랑스 북부에 위치한 노르 주 북서부의 항구도시. —역주

지마르코 씨의 학교 좀 봐. 정말 대단한 사람이야. 영국으로 건너가는 걸 포기했지.

대신에 이곳에 사는 아이들이 더 나은 삶을 살도록 돕기로 했어. 모든 사람들에게 영감을 주는 사람이야.

놀이터 멋진데!

놀이터 지을 때 나도 거들었어.

음, 이번이⋯⋯네 번째? 꼭 프링글스 먹는 것 같아. 한 번 오면 멈출 수 없는.

맞다.
칼레에 다녀온 사람들 가운데 내가 아는 사람들은 나한테 언제 다시 칼레로 가냐고 묻는다. '또 가?'라고 묻는 게 아니라 '언제' 가는지를.

칼레에 몇 번이나 왔었어?

띠리링

캐노한 문자가 와

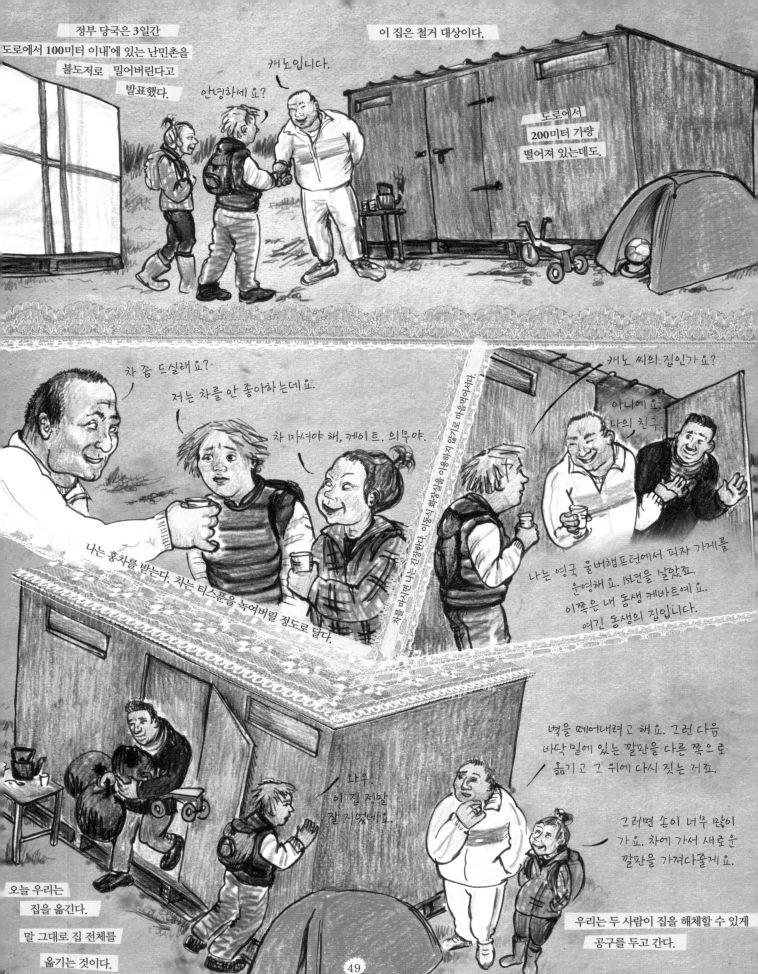

난민촌에서 건물을 세우는 과정은 레이스를 짜는 일과 비슷하다.

우리는 │ 여러 개의 실가닥처럼 │ 이리저리 움직인다. 때로는 길을 잃고 헤매이기도 한다.

51

칼레에 도착한
카라반들이 분주하다.

트럭 한 대가 공터에
돌멩이를
깔고 있다.

지게차 한 대는
능숙한 솜씨로
트럭이 실었던
합판을 내린다.

52

한편 정글에서는

깔판 여덟 개,

남자 일곱 명,

여자 두 명

해체된 집 한 채 (통째로 옮기기에 집이 너무 컸다.)

전동 드라이버
진짜 좋은 연장이다, 친구야!

고맙다, 친구야!

망치······.

쇠지렛대······.

플랩잭······.

케바트, 이건 영국식 케이크에요.

그리고 딱 한 개뿐인 손전등······.

강력 접착 테이프로 휴대전화를 머리에 붙일 수 있겠는데요?

그리고 여섯 시간의 중노동.

우리는 지붕을 올리고, 케바트는 남아서 마루를 나사로 고정한다.

자, 제가 저녁 날게요.

피자요?

아니, 피자 아니에요

다음 날 아침 우리는 연장을 찾아오려고 그 집에 돌아간다.

계세요…….

안녕하세요! 어서 들어오세요!

아내 베즈마예요. 여기 내 아들 듀란과 하마, 자라예요.

어서 와요.

차, 차 드셔야죠! 홍차에 설탕 넣은 차 좋아하시죠? 쿠르드 차!

들어봐요.

곧 마셔야 해요.

고마워요.

하마와 자라는 내 휴대전화를 갖고 논다.

이거 삼성 제품이에요? 아니면 HTC 제품이에요?

다란의 꿈은 학교 선생님이다. 나는 아이가 꿈을 이루길 바란다.

베즈마가 아이들의 코를 닦아준다.

미안해요. 아이들이 늘 아프네요.

그렇다. 이 작은 집들도 그리 나빠지는 않다.
세찬 바람이 축축한 곳을 말려준다.
담요 덕분에 최악의 추위를 면한다.
사생활도 지킬 수 있는 안전한 공간이다.
베즈마의 부엌은 식재료로 가득하다.

창문도 있네요!

그러니까요.
우리는 운이 좋아요.

운이 좋아? 운이 좋다고? 너희 가족들라 우리 집에서 함께 살고 싶어. 너를 여기에 두고 떠날 생각을 하니 가슴이 찢어진다.

동생네 가족을 데리고 가고 싶어요. 꼭 그렇게 할 겁니다.

정말로 동생네 가족을 여기서 빼내고 싶어요. 그랬더니 동생이 이렇게 말하더군요.

형 그러지 마. 나 때문에 형이 감옥에 가는 위험을 감수해야 한다니!

우리가 여기에 있으면서 뭘 할 수 있겠어?

한 남자가 울타리 옆에서 이를 닦는다.

그는 뒤쪽에 있는 3성 호텔, 법률 상담소, 구호품 배급소, 카라반, 그리고 알록달록 페인트가 칠해진 놀이터를 가리켰다. 모두 따뜻한 인류애로 솜씨 좋게 만들어졌지만 한편으론 황량함과 절망감을 안겨주는 기념물이다.

이 모든 것들이......사라질 거에요.

59

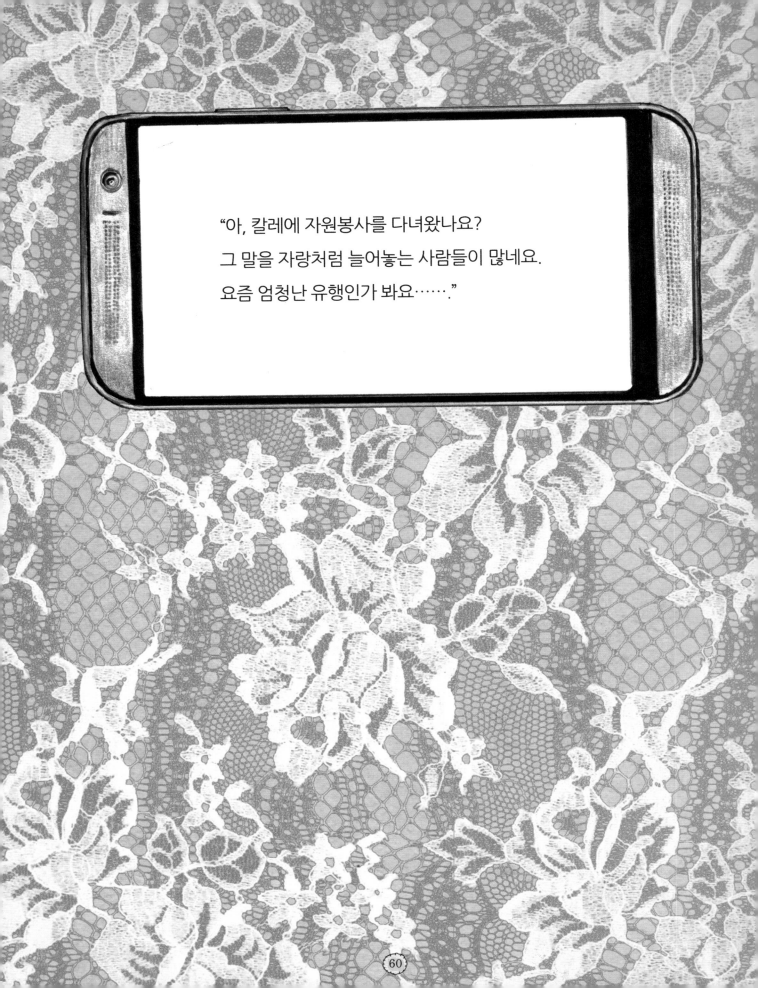

"아, 칼레에 자원봉사를 다녀왔나요?
그 말을 자랑처럼 늘어놓는 사람들이 많네요.
요즘 엄청난 유행인가 봐요……."

이건 **한가한 여행이 아니다**

빌어먹을　빈곤　관광업?

우리는 어떤 일을 하는 사람인가? 칼레에 놀러 다니면서 굉장한 구호활동을 한다고 뽐내는 사람처럼 보이는가?
우리는 순진하게 박애주의만 외치는 한가한 백인 중산층이 아니다. 자선이라는 명분으로 휴가를 떠나온 것이 아니다.

후슈야르 이야기를 해야겠다.

2016년 2월 15일
첫째 날.

우리가 만날 후슈야르라는 남자는 누구야?

그냥 진짜 재미있고 좋은 사람이야.

지난번에 왔을 때 남편과 나는 후슈야르와 함께 뭔가를 만들고 있었어. 장난 좀 치려고.
사람들이랑 좀 웃어볼까 했지, 알지?
처음엔 활동가들이랑 함께 공공 수용시설을 만들 계획이었지만, 대신에 수단 소녀들을 위한 문을 만들기 시작했지.
소녀들은 남자들이 밤에 집에 오면 몸싸움을 해서 물리쳐야 했거든.

활동가들이 우리한테 목재를 안 주려고 하더라!

웃기는 상황이었어.

아마도 몇 달 전이었다면 더 재미있었을 것이다.
후슈야르는 정글에서 120일을 보냈다.
많은 친구들이 무사히 영국으로 건너갔지만 그는 그러지 못했다.

운이 없었다.

좋은 기회도 없었다.

어서 와요, 제트.

후슈야르, 반가워요!

우리는 후슈야르의 오두막집에 비집고 들어간다.

신발을 벗고.

앉을 곳은 한 군데뿐.

어서 들어와요!

두툼하게 자리가 깔린 한 평 남짓한 공간.

나는 구석에 쪼그리고 앉는다.

여긴 내 친구 게이트. 난 도나쉬라고 합니다.

내 남편이에요.

안녕하세요.

여긴 알라즈라고 해요. 이곳에서 함께 살아요.

한 평도 안 되는 오두막에 성인 남자 두 명.

두 사람은 각자 깨진 거울을 한 조각씩 갖고 면도를 한다.

단열은 괜찮다.

오두막에 빛이 들어오게 문을 열어둘 때를 제외하면 오두막은 따뜻할 것이다.

점심을 만들어줄게요.

그냥 하는 말이 아니다.

50센티미터 너비의 부엌에서 후슈야르는 분주하다.

달걀 두 개를 프라이팬에 깨넣는다.

요리를 시작하자 후슈야르의 얼굴에서 서글픈 기색이 잠시 사라진다.

환대하고,

음식을 만들고, 나눠먹고.

이런 모습은 모름지기 세상은 이러해야 한다는 그의 정신과 잘 어울린다.

쓰레기 봉투를 펼치고 그 위에 두꺼운 판지를 깐다.

저녁 식사다.

맛있어요.

아, 고맙지만 괜찮아요. 미안해요, 달걀을 먹으면 두드러기가 나거든요.

후슈야르는 벌떡 일어나더니 팬을 닦는다.

토마토는 괜찮나요? 그리고 이건 뭐죠? '양파?'

'양파'요? 네, 양파는 괜찮아요.

그는 그 자리에서 나를 위해 바로 다른 요리를 만든다.

정말 맛있어요. 소금 간이 딱 맞아요.

진심이다.

얼마나 배가 고팠는지 나는 모르고 있었다.

후슈야르, 어떻게 지냈어요?

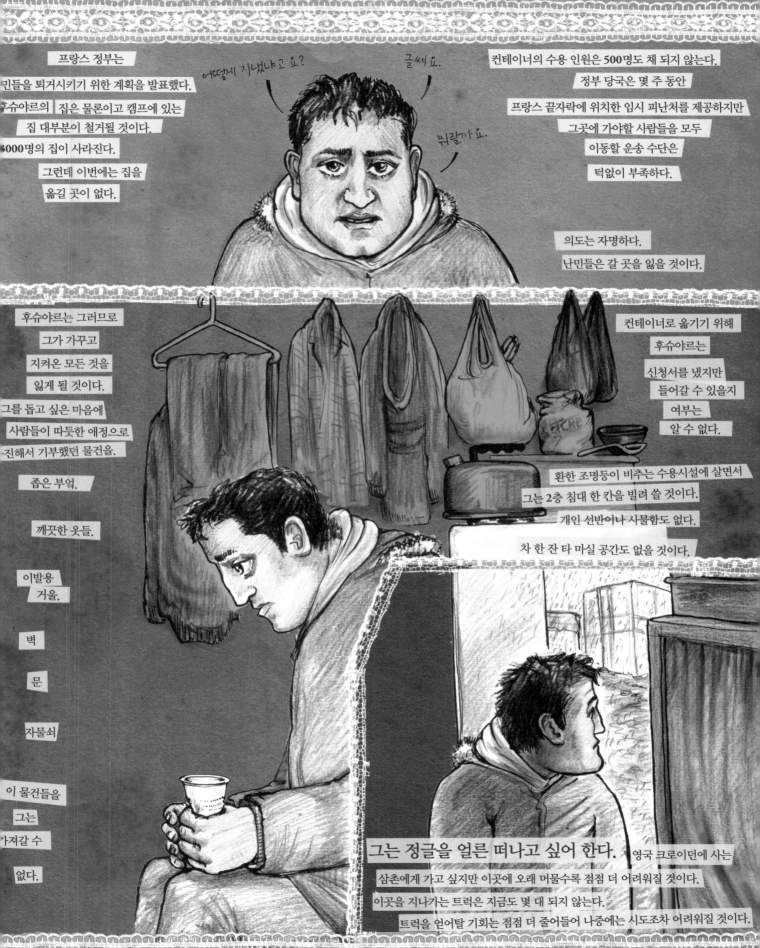

프랑스 정부는
민들을 퇴거시키기 위한 계획을 발표했다.
슈야르의 집은 물론이고 캠프에 있는
집 대부분이 철거될 것이다.
5000명의 집이 사라진다.
그런데 이번에는 집을
옮길 곳이 없다.

어떻게 지냈냐고요?

글쎄요.

뭐랄까요.

컨테이너의 수용 인원은 500명도 채 되지 않는다.
정부 당국은 몇 주 동안
프랑스 끝자락에 위치한 임시 피난처를 제공하지만
그곳에 가야할 사람들을 모두
이동할 운송 수단은
턱없이 부족하다.

의도는 자명하다.
난민들은 갈 곳을 잃을 것이다.

후슈야르는 그러므로
그가 가꾸고
지켜온 모든 것을
잃게 될 것이다.
그를 돕고 싶은 마음에
사람들이 따뜻한 애정으로
-진해서 기부했던 물건을.

좁은 부엌.

깨끗한 옷들.

이발용
거울.

벽

문

자물쇠

이 물건들을
그는
가져갈 수

없다.

컨테이너로 옮기기 위해
후슈야르는
신청서를 냈지만
들어갈 수 있을지
여부는
알 수 없다.

환한 조명등이 비추는 수용시설에 살면서
그는 2층 침대 한 칸을 빌려 쓸 것이다.
개인 선반이나 사물함도 없다.
차 한 잔 타 마실 공간도 없을 것이다.

그는 정글을 얼른 떠나고 싶어 한다. 영국 크로이턴에 사는
삼촌에게 가고 싶지만 이곳에 오래 머물수록 점점 더 어려워질 것이다.
이곳을 지나가는 트럭은 지금도 몇 대 되지 않는다.
트럭을 얻어탈 기회는 점점 더 줄어들어 나중에는 시도조차 어려워질 것이다.

이건 개인의 사연에 머무를 것이 아니라, 정치적 화두가 되어야 한다.

한참 사진을 보다가 내가 그린 만화를 보여준다.

제레미 코빈*이네요!

맞아요.

*Jeremy Corbyn, 영국 노동당 대표. ─역주

이곳에 있는 사람들은 모두 제레미 코빈을 좋아한다.

코빈이 여기 왔었어요. 그는 데이비드 캐머런 총리에게 우리를 반드시 도와야 한다고 말해줄 거예요. 그러면 총리도 사정을 알겠지요.

영국 총리가 귀를 기울일 것 같지 않은데요.

이달 말에 유럽 정치인들이 대대적인 회담을 열죠. 그때 난민을 어떻게 도울지 대책을 세우겠죠, 그렇죠?

후슈야르가 보기에 난민 문제는 매우 심각하고 해결이 시급하기 때문에 당연히 정치인들이 앞장서리라고 생각한다.

"하지만 후슈야르, 난민은 투표할 수 없어요."

"사람들은 이민자들을 항상 두려워하고 비난해요. 몰랐어요?"

"사람들은 난민을 싫어해요. 그들은 당신이 테러리스트라고 생각해요."

우리는 차마 이 말을 입 밖에 내지 못한다.

나중에 또 올게요.

우리는 물티슈로 그릇을 닦는 후슈야르를 두고 집을 나선다.

조사를 하러 30킬로미터 떨어진 됭케르크 난민촌으로 향한다. 제트는 조산사이고, 임신한 여성 대부분은 됭케르크 캠프에 있다. 우리가 머무는 기간은 닷새뿐이지만 그들을 최대한 많이 돕고 싶다.

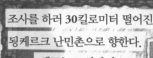

됭케르크

마침 주머니 속에 기부금 50파운드가 있어서 우리는 유명 할인매장에 들러 진한 향을 풍기는 오렌지를 배낭에 담는다.

iDYL

오렌지로는 해결할 수 없다

우리는 난민 캠프가 칼레 주택가 바로 옆에 있는 한적한 공원 안에 있어서 놀란다.

이런, 여기 주민들이 별로 좋아하지 않겠는데!*

(*실제로 도움이 절실한 사람들의 소망을 너무 쉽게 무시하고 풍족한 사람들의 편의만 고려한 말이었다.)

빗줄기가 수그러들지 않는다.

배수로는 잔뜩 수몰되었다. 현장은 물웅덩이, 침수지,

뻑뻑하고 끈적끈적한 진흙투성이다.

됭케르크는 말 그대로 최악이다.

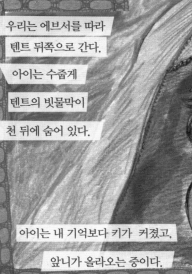

터덜터덜 걷는 길에
비가 내리기
시작한다.

나는 망설이며 커다란 가족 텐트의 입구로 들어간다.

텐트 안의 어린 아가의
모습을 보고
나는 무너진다.

순수한 미소.
반짝이는
눈빛.

실례합니다. 미안해요.
또 티컬린?

고맙습니다,
고맙습니다!

피타칼론?

필요하신 분?

우리 여기서 뭐하는 거야!?

오렌지 따위로는 이 사태를
해결할 수 없어!

애이들이 여기 있어.
사람들이 모두 여기에 갇혀있다고!

언제까지 이 문제가

남의 문제가

되어야 하냐고!!!

비가 억수같이 내리고 있었기 때문에 내가 우는 것을 아무도 눈치 채지 못한다.
우리는 사람들에게 오렌지를 나누어주고 입구 쪽으로 돌아온다.

그리고 그곳에서 우리는 비바람을 피해 목도리를 두른
아프가니스탄 할아버지를 다시 만난다.

결국 할아버지는 아들과
손자가 있는
리버풀에 가지 못한다.

그도 이곳에 갇힌 신세다.

70

그는 정말 멋져요. 저 근육 좀 봐요. 슈퍼가드는 언제나 승리하죠.

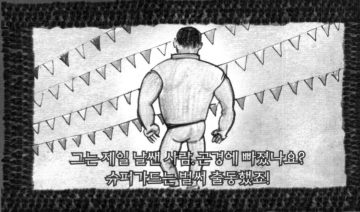

그는 제일 날쌘 사람. 곤경에 빠졌나요? 슈퍼가드는 벌써 출동했죠!

슈퍼가드? 제발 저 좀 도와주세요. 내 딸은 젊고, 정숙하답니다.

딸은 인신매매 일당에게 납치당해서, 부두에 갇혀 있어요.

부두? 밑바닥 쓰레기들 각오해라.

퍽! 파바박!

사람들은 영화에 집중하느라 몸을 앞으로 기울이고 미소를 짓고 있다.
인신매매범들이 혼쭐이 난다?

이곳은 사람들이 맞장구치는 소리로 웅성거린다
신나는 일이 아닐 수 없다!

밀수조직과 인신매매범 이야기는 영화 속에나 있는 환상이 아니니까.　현실이니까.

밀수조직 이야기를 자세하게 해보자.

지금부터 난민을 홍수에 비유해보자.
수백만 파운드의 비용을 들여 칼레에 울타리를 치고
감시는 강화하는 일은 물이 흐르는 개수대를 마개로 틀어막는 일과 같다.

하지만
물은
계속
흘러들어온다.

물은 왜 넘치게 되었을까?

영국이 그들 땅에 폭탄을 떨어뜨리고
총을 쏘아댔기 때문이다.

영국으로,
왜 그럴까?
영국이 공정하고
기대 때문일 것이다.

아마 영어를 쓰는 나라여서 소통이 쉽고,
관대할 것이라는 (아마도 잘못된)

그리고 전쟁 무기를 팔아
이득을 취하기도 했다.

그래서 영국에 사는

그리고 난민들은 눈앞에서 가족의 죽음을 목격한 아픔이 있다. 그래서 영국에 사는
친인척과 재회하려는 마음이 더 간절한 것 같다.

잿더미가 된 나라에서
극단적인 종교 무장세력인
이슬람국가(IS)와 탈레반이라는 괴물이 탄생했다.
이들은 미친 듯이 또 다른 사냥감을 찾아다닌다.

당신에게 어린아이가 있다고 상상해보라.
전 세계 난민의 절반이 아이들이다.
당신이 살고 있는 나라에 전쟁이 터졌다.
정부가 도시에 폭탄을 투하하고,
내일이면 테러단이 마을을
덮칠 것이다.
이런 상황에서 어떤 부모가 떠나지 않겠는가?

개수대를
마개로
막아 버리면 물은
불어나
밖으로
넘친다.

우리는 부도덕한 사기꾼들이
약자를 먹이로 삼는 시장을
만들어냈다.
폭력배들은 피해자들에게 진실을
말해주지 않는다.

영국 국경에서 '불법 이민자'를 싣고 적발된 차량의 운전자는
벌금 2000파운드를
내야 한다.

영국으로 가는 오직 유일한 방법이
밀수조직을 통한 것이라면
사람들은 거기에 매달릴 것이다.

우리는 난민들에게 몸값을 매긴 셈이다.

실수조직 사람을 구별하는 건 쉬워요.
처음 정글에 도착한 난민들의
행색은 전형적이거든요.

대부분 당황하고,
버려진 것 같고,
길을 잃은
모습이죠.

정글
차

"저 사람들은 아니에요.
그들은 명확한 목적이 있어서 신바람이 나 있어요.
그들은 일단 주변을 먼저 확인하죠."

"그러고는 바로 대화의 문을 열어요.
그리고 언제나 같은 이야기를 하죠."

영국에 가면 인생 꽃길이야,
안 그래요?

영국은 집도 주고, 대화도 공짜로 가게 해주고,
좋은 직장에 괜찮은 월급.
텔레비전도 공짜로 준다고요.

영국 가면 만사형통!

"그들은 난민들한테 늘어놓으려는 거짓말에
내가 장단을 맞추는지 확인하려는 거예요."

"나는 모르는 척합니다."

글쎄요. 영국에 가면 어떤 일이 벌어질지
진짜 모르겠는데요.

난 정글에서
차나 대접할 뿐이에요,
형씨.

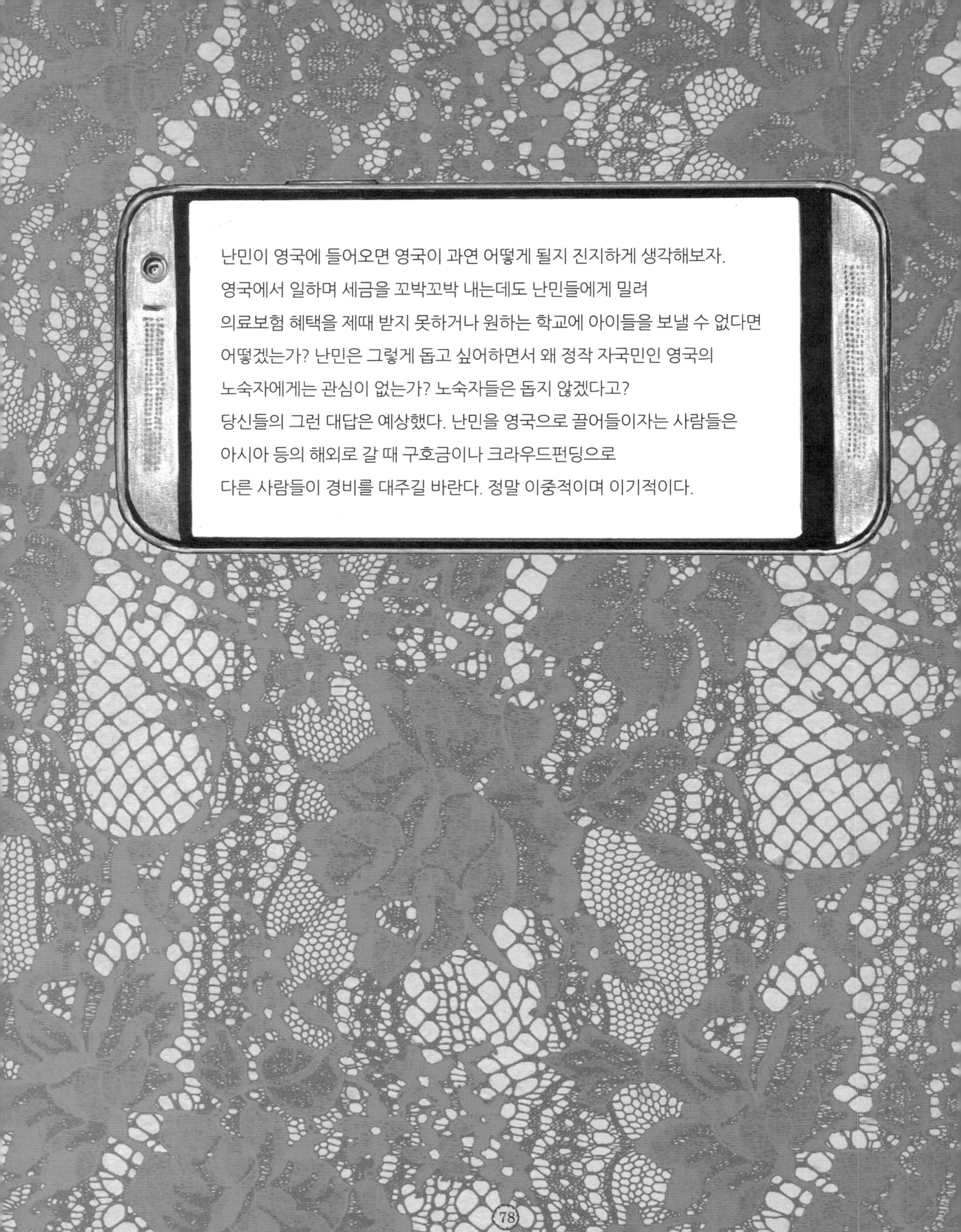

난민이 영국에 들어오면 영국이 과연 어떻게 될지 진지하게 생각해보자.
영국에서 일하며 세금을 꼬박꼬박 내는데도 난민들에게 밀려
의료보험 혜택을 제때 받지 못하거나 원하는 학교에 아이들을 보낼 수 없다면
어떻겠는가? 난민은 그렇게 돕고 싶어하면서 왜 정작 자국민인 영국의
노숙자에게는 관심이 없는가? 노숙자들은 돕지 않겠다고?
당신들의 그런 대답은 예상했다. 난민을 영국으로 끌어들이자는 사람들은
아시아 등의 해외로 갈 때 구호금이나 크라우드펀딩으로
다른 사람들이 경비를 대주길 바란다. 정말 이중적이며 이기적이다.

당신을 그려줄게요

둘째 날

아침에 우리는 됭케르크 난민촌 입구에 제트를 내려준다.

잊지 마, 불꽃놀이 소리 같아도 놀이를 하는 게 아니야.

어, 나도 알아.

그리고 도나쉬와 나는 정식으로 구호 활동에 참여하기 위해 칼레의 창고로 향한다.

...은 분들이 오셔서 정말 기뻐요. 전 단기 봉사 활동도 환영해요. 중요한 일 먼저 하겠습니다. ...황색 재킷을 입은 사람들은 장기 자원봉사자예요. 그러니까 장기 자원봉사자가 ...닌 분들은 주황색 재킷을 벗고 형광 노란색 조끼로 갈아입으시길 바랍니다.

그리고 형광 노란색 말인데요, 저는 노란색 '몬스터' 음료를 좋아해요. 파인애플 맛이죠. 시작할 때 이 음료수를 가져올까 했어요.

여러분이 저를 조금 더 잘 알 수 있게 말이죠.

스트레칭부터 시작합시다. 약간 흔들고.

절 따라하세요. 의욕 넘치는 창고 일꾼 여러분, 상자를 들어요.

선반 위에 올려두고요.

무릎을 구부리고. 등에 너무 힘을 주어선 안 돼요!

좋아요, 여러분 모두 안내 꾸러미를 읽고 서류를 작성해 오셨을 거예요. 안 하신 분은 제 말이 끝난 다음에 작성해주세요.

여러분, 가급적이면 캠프에 가지 말길 바랍니다. 캠프에 가서 허락 없이 사진을 찍어선 안 됩니다. 한 번은 사람들이 어떤 난민의 집을 지나가다 대문 너머를 휴대전화로 찍었습니다. 이런 행동은 굉장히 무례합니다. 동시에……

사진은 난민이 칼레에 있었다는 증거가 되고, 영국으로 망명 신청을 할 수 있게 합니다.

기억하세요. 여긴 난민들의 보금자리예요. 사파리 공원이나 동물원이 아닙니다.

왜 난민들이 고국을 떠났는지 궁금하겠지만, 잘 들으세요. 중요한 이야기입니다, 절대로 난민들에게 사연을 들려달라고 하지 마세요.

그들의 사연은 아마 굉장히 충격적일 것입니다. 여러분의 호기심으로 그분들이 다시 상처를 떠올리지 않도록 주의하세요.

파슈토어, 페르시아어, 쿠르드어 할 수 있는 분? 왼쪽으로 서 주세요. 여러분이 할 일이 있어요.

그리고 프랑스어와 영어 번역 할 수 있는 분? 우리 법무팀과 할 일이 있어요.

그전에 공동 취사장에 등록하신 분은 그쪽으로 가세요.

이제 몇 분 남았나요?

좋아요!

여러분은 저와 갑시다. 저와 함께 일해요!!

여기서 일해서 행복해요?

네, 사람들이 여기에서
데이비드 보위(David Bowie)의
히트곡을 들어주거든요.
그리고 물품을 분류하는 연습을 했어요.
아주 많이요.

이제
잘 해요.

그럼 나중에 봐요, 여보. 사람들이 나더러 정글에서
그림을 그리라네요. 아무래도 옷을 분류하는 일은
내 일이 아닌가 봐요.

나는 그림 도구를 꼼꼼히 챙긴다.
펜, 연필, 지우개, 연필깎이, 수정액, 붓.

이 잉크는
다루기 까다롭지만 (수채 물감은 내 취향이 아니다.)
일단 마르면 방수가 된다.
비가 내리고 축축한 곳에 두어도
번지지 않는 그림을
그릴 수
있다.

두꺼운 도화지. 나는 그림이 묵직하고
전문적인 느낌이 나길 바란다.
실제로 그렇지 않더라도 말이다.

그리고 그림을 보호하기 위한 비닐 주머니.

나는 생각했다. 가진 게 거의 없고 그것마저 잃을 수 있는
사람들에게 내가 해줄 수 있는 것이 무엇일까? 나는 사람들의
초상화를 그리기로 한다.

'발루(Baloo)' 청소년 센터는 문을 연 지   일주일밖에
되지 않았지만 벌써 철거를 앞두고 있다.

자한, 뭐 하나
물어볼게.

네.

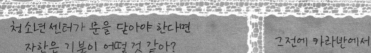

청소년 센터가 문을 닫아야 한다면
자한은 기분이 어떨 것 같아?

완전히 미쳐버릴
거예요.

그전에 카라반에서 지냈을 때는
할 일이 없었어요. 너무 지겨웠죠!
제 초상화를 그려주셔도 좋아요!

이곳 사람들은 머리에 신경을 많이 쓴다.
머리가 엄청
반지르르하다.

영어 잘하는데.

네, 사람들이 그러더라고요.
요즘 영어를 배우고 있고
동시에 프랑스어도 배워요.

몇 개 국어 할 수 있는지
말씀드려, 자한.

아, 세 가지예요.
아프간어에 터키어.

하지만 진짜로 배우고
싶은 건 웨일스어예요.
웨일스어는 환상적인
언어예요.

잠깐만 움직이지 마.
지금 눈을 그리고 있어.

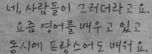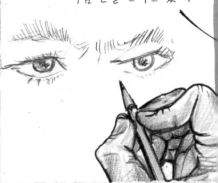

됐어. 이제 움직여도 돼.
지금 옷깃을 그리고 있어.

요즘엔 여러 겹의 옷깃을
그릴 때가 잦다.
사람들이 2월의 추위를
견디고 있기 때문이다.

몇 살이니?

열네 살.

이곳에 함께 온
가족이 있니?

네, 동생이
있어요.

초상화 어때?

아이는 자기 초상화가 햄스터와 닮았다고 생각했는지 볼을 빵빵하게 부풀린다.

아니야 투판, 너 진짜 이렇게 생겼어.

하아… 열두 살이라니! 여기에 저 아이 부모님이 있나요?

여기 있는 아이들 모두 부모가 없어요.

아이들이 정말 많네요.

칼레에는 혈혈단신의 아이들이 수백 명이나 있어요.

저도 그려주세요!

저도요!

미안하지만 얘들아, 너희들 지금 수업이 있어.

내일 다시 올게, 약속해.

그러나 종종 마법 같은 일이 벌어진다.

안녕하세요. 실례지만,
우리는 오후에만 잠시 있을 건데 기부금을 내고 싶어요.
특별히 필요한 물건이 있나요?

그럼요! 지금 까르푸 매장에 가주세요! 목록을 줄게요.
신생아 혼합 분유 열 통만 사다 주세요. 새 젖병도요.
그리고 일회용 젖꼭지도 부탁해요.

※ 주의: 난민 구호품으로 분유를 기부하지 말아 주세요. 대신 돈을 기부하세요.
영양 보충은 아기들마다 각각 다르게 해야 해요.

창고에서 도나쉬는 구호품의 첫 분류 작업을 절반 정도 진행한다.

아기 옷
한 무더기

아이들 옷

CHILDREN
DAY

십대 청소년 옷

난 친구들을 만나러 가야 한다. 저녁 시간이 다가오고 있다.
캠프는 소란스럽지만 불안한 기운도 가득하다.
발전기들이 휘발유 매연을 내뿜는다.
중심가의 카페에서
음악이 흘러나온다.

'광기어린 눈'이라고
불러줘요.

나는 이 세계에 대해
생각합니다
칼레의 정글

모두가 평등하게
대우받는 세상을
꿈꿔요
어떻게
살 것인가?

봐요! 내가
이 포지판을
만들었어요.
사진 찍어요.

모두가 평등하게
대우받는 세상을
꿈꿔요
어떻게
살 것인가?

들어와요,
들어와.

그는 나를 카페 안으로 떠민다.
여기 앉아요! 내 옆에.

즐겁다.
이런 행동이 좀 위험하다는 것을
나도 안다.

플라스틱 컵에 담긴 달달한 밀크티를 건네받는다.

날이 어두워지고 있다.
난 혼자고.
모르는 사람들과
함께 있다.

나는
이 상황의
주도권을 잡기로 한다.

그림을 그려줄게요,
알았죠?

바로 그려내는
연필 스케치.

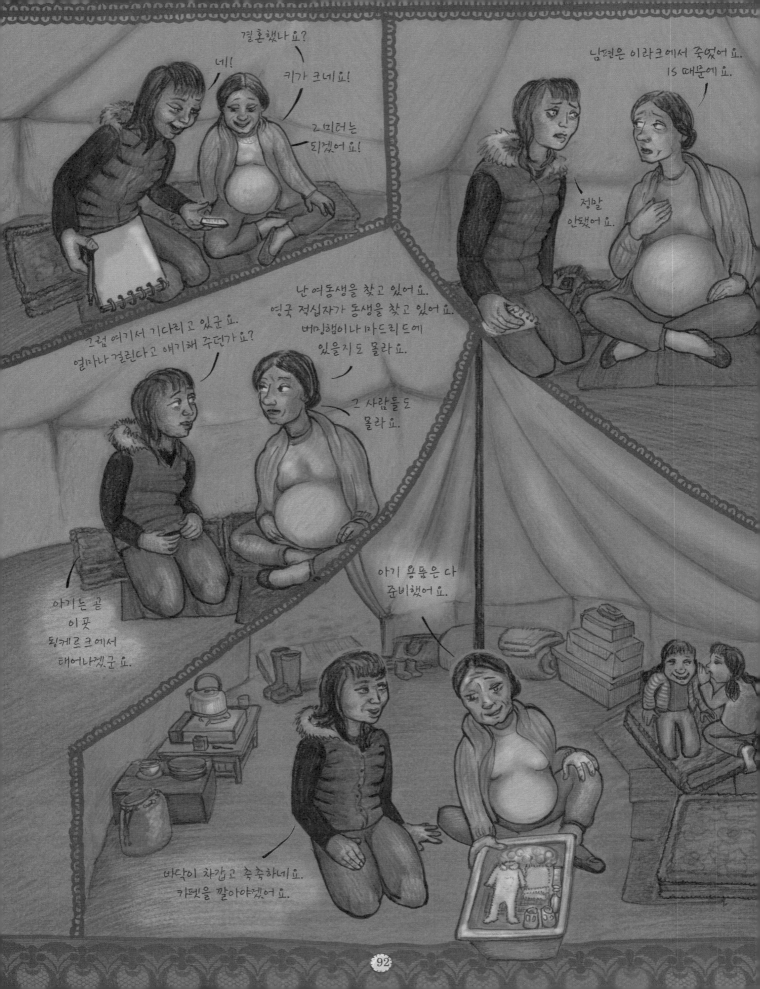

돔 내부에 확성기가 켜진다.
말소리와 간헐적으로 터져 나오는
고함소리 때문에 더욱 아수라장이 된다.
누군가 피아노 건반을
쾅 하고 내리친다.

당신들이 왜 이곳 아이들을 위해서 이런 일을 하는지
모르겠네요. 애들은 무례하고 고마워할 줄도 몰라요.

아이가
있나요?

10년만
지나 봐요.
비슷하게
행동할걸요.

네, 세 날, 여섯 날이요.
우리 애들은 절대
그렇게 행동하지
않아요.

그의 친구가 조그만 케이크 한 조각을 갖고 온다.
케이크를 조금 떼어 친구에게 나눠준다.

그 즉시 남자는 자기 케이크를 더 작게 나누어서 반을 나에게 내민다.

아, 고맙지만 사양할게요. 달걀이 들어갔을
거예요. 전 달걀을 못 먹거든요.

내 뒤쪽에서 소란이 일어나서
나는 몸을 수그리고 돔으로 들어간다.

한 아이가 거칠게 통로를 지나고 있다.
분노에 이글거리는 눈을 하고
가 알지 못하는 언어로 격렬하게 욕을 한다.

아이는 돌아서서
내 얼굴을
향해
온 힘을
다하여
소리를
지른다.

청소년 담당 복지사가
아이 뒤를 쫓아가지만
아이를 진정시키지 못한다.

들어와요!

가스랑 담배 좀 가져왔어요. 괜찮아요?

고마워요.

'아사이야'에요.

'천만에요'를 쿠르드어로 뭐라고 해요?

아사이야.

이거 먹을 수 있어요?

병아리콩은 제가 좋아하는 음식이에요.

후슈야르에게 들려주고 싶은 음악이 있어요. 내 동생이 작곡한 곡이에요.

구슬픈 아일랜드 음악이 작은 오두막집을 채운다.

음악에 양파를 볶는 지글거리는 소리가 섞인다.

프라이팬에 병아리콩이 떨어지면서 쉭쉭 소리가 더해진다.

촛불이 깜박이다
꺼진다.

우리는 후슈야르가
판잣집의 구석진 곳을 뒤지는 동안
휴대전화로 그곳을 비추어 준다.

후슈야르의 움직임은
발레리나처럼 우아하면서도
정확하다.

그가 다른 초에 불을 붙이자
음악이 끝난다.

제트의 결혼식 때
제트의 동생이 연주한
영상이 있어요.

우리는 작은 화면 속에서 빙그르르 춤을 추는 사람들을 함께 바라본다.

좋을
때네요.

맞아요.

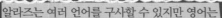

연꽃 자세!

멋지네요!

청바지 입고 저 자세가 될지 모르겠네.

안 된다!

난 되네요!

난 그냥 가만히 있을게.

تاوونه بورسس وبيّم بـۆز كـردووه

알라즈가 그러는데 수련을 하면 몸을 띄울 수 있대요. 다리를 들어올려서.

이렇게?

말도 안 돼! 요가 배운 적도 없잖아 우리 선생님이 20년 동안 수련했는 이건 못해요!

제 생각엔 축구를 많이 해서 그런 것 같아요.

말도 안 돼. 나한테 플레이 스테이션으로 피파 축구 게임을 했다고 말했잖아요.

게임으로 축구를 한 거죠!

난 지금도 아주 잘해요!

아름다운 얼굴

4일째

오늘 새로 오신 여러분.
파인애플 몬스터!

제가 최고로 좋아하는
맛이에요.

서류 이야기는 이미 했지요? 좋아요.
자, 한 가지 명심해야 할 것이 있어요.

칼레에 머무는 동안 여러분의 행동이
이 단체를 대표한다는 사실과 캠프에
난민들이 살고 있다는 사실을
잊지 마세요. 여러분이 떠나도
이 사람들은 계속 이곳에 있어야
합니다. 여러분의 행동은
난민들의 생각에도
영향을 줍니다.

그리고 칼레 주민들의 입장을 헤아려 주세요.
이 마을의 모든 난민이 우리의
인도주의적 노력에 동의한 것도
아니고, 우리도 그들의 마음을 전부
이해하는 것도 아니에요.
난민들이 심각한 스트레스를
받고 있다는 사실도 받아들여야 합니다.
난민들이 스트레스를 받는 것은
당연한 일이에요.

다 같이 스트레칭을 할 때,
도나쉬와 나는 알라즈를 떠올리며
요가 동작을 몇 가지 추가한다.

남편과 팀원들의 분류 작업이 끝나간다.

5-6세 남아용 바지 30벌, 라벨 붙였고, 날짜도 적었어요.
개운하네요!

나는 발루의   청소년 센터로 향한다.

년들이 돌아와 축구 게임을 하거나 당구를 치고 있다.

저기요! 나 좀 그려주세요. 근데 이건 빼고 그려주세요, 네?

그래, 입술 물집은 뺄게. 아주 멋지게 그려줄게.

물론 아이의 친구들이 몰려와   내가 입술 물집을 그리지 않았다는 사실을   지적한다.

이거 안 그렸어요.
여기에 빨간색으로 칠해요.

'메시'라고 사인해주세요!
메시가 최고예요.

다음 아이는 까다로운 자세를
취하는 바람에 그리는 데 시간이 많이 걸린다.

초상화를 그리는 작업은
섬세한 작업이다.
자리에 앉아 얼굴의 모든 특징을
뜯어본다.

그런 자세로 꼼짝도 않고 있으면
몸이 쑤실 거야.

불가사의할 정도로
풍성한 속눈썹.

코 밑에 자라나는
여리고
보송보송한 털.

희한하게 커다란
아프간 특유의 손.

내가 몸이
쑤실 거라고
했지!

아이의 귀에 난 털이
보송보송하다.
귀가 아주 작고
동글동글해서
푹신푹신해 보인다.

112

크리켓 시합이 끝난다.
어느 팀이 이겼는지는 모르겠다.

흰색 운동복을 입은 남자가 다시 온다.   머리를 잘랐다.

당신이 그린 그림 별로.
다시 그림 그려요.

초상화는
한 사람에
한 번씩만 그려요.

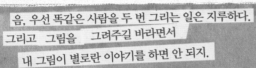
음, 우선 똑같은 사람을 두 번 그리는 일은 지루하다.
그리고   그림을   그려주길 바라면서
내 그림이 별로란 이야기를 하면 안 되지.

한 치의 양보도 없이,
나는 천천히
잉크를
하나씩 치운다.

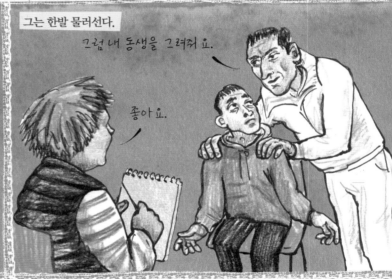
그는 한발 물러선다.
그럼 내 동생을 그려줘요.

좋아요.

아이의 얼굴은 눈, 코, 입 어느 것 하나 조화롭지 않다.
아이는 그걸 스스로 알고 있다는 시선으로 나를 쳐다본다.

나는 아이를 예쁘게 그린다.

겨우
열세 살.

당연히 부모는 없다.
물어볼 필요도 없다.

그림을 다 그리자 정적이 흐른다.
다음으로 앉은 친구의 얼굴은
차분하고 조용해 보이면서도
매우 아름답다.
그는 모자를 벗고
머리를 매만진다.

깊은 생각에 잠겨
동상처럼 앉아 있다.

나는 그림이
그의
아름다움을 따라가지
못한다고 생각한다.

마지막 초상화. 이제 손가락에 감각이 없다.

영어 정말 잘하네요.

당연하죠.
전 영국 뉴캐슬에
살아요. 오늘 하루
이곳을 방문한
거예요.

조카가 이곳에 있어요.
열네 살이에요.

이곳에 와서
모든 서류를
작성했어요.

그럼 조카를
영국으로 데려갈 수
있을 줄 알았죠.

아이 방도
준비했거든요.

하지만 조카를
이곳에 두고
가야 해요.

어때요?

내가 정말 이렇게 생겼나요?

사진 좀
찍을게요.

찰칵

119

하지만 나는 다른 열두 살 아이들 생각에 잠들지 못한다.

지난 주 프랑스 경찰은
열다섯 살 아이의 머리를 박살냈다.

우리는 그랜드 신테 주차장에서 제트를 만난다.
그녀는 화가 머리끝까지 나서 담배를 피우고 있다.

내가 이럴 줄 알았어. 폭동 진압 경찰이 총을 들고 와서는 모든 사람들의 사진을 찍고 있어.

그리고 지금 어떤 텐트나 이불도 현장에 반입이 안 된다고 해. 사람들이 몇 주 전부터 기다렸잖아. 사람들은 자포자기 상태야. 구호품이 트럭에 가득 실렸는데 경찰이 들여보내지 않아.

제트의 말이 맞다. 우리 차는 사람들이 엄청 탐내는 물품들로 가득하니까.
운 좋게도 우리는 앞일을 예견하여 유아용 바지와 아기용 물티슈로 물품들을 숨겼다.

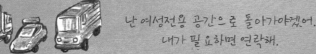

난 여성전용 공간으로 돌아가야겠어. 내가 필요하면 연락해.

주차장에서 물건을 내려도 될까?

그건 정말 어리석은 생각이야. 트렁크는 절대 열면 안 돼.

구글 번역기를 돌리고 있어요. 저 사람들에게 '민달'이라고 해요. 쿠르드어로 '아기'란 말이에요.

'문달'
이거 다 문달 용품이에요.

저 사람은 가스통을 알아볼 게 확실해요. 생긴 게 딱 건방진 강도 같아요.

우리도 저만할 때는 건방진 강도였어요.

위스키 있어요?

무슨 무슬림이 술을 찾아요! 위스키 없어요.

위스키가 있으면 좋겠네요.

우리가 해냈어!
성공했어요!

오늘이 마지막 밤이네.
와인 한 병 마시자.

미안한데, 담배 좀 피우게 창문 좀 내려도 될까요?

물론이죠.

제트, 괜찮아?

아니.

지금부터 내가 하는 이야기는 우리끼리만 알았으면 좋겠어.

그래, 만화로 그리지 않을게. 약속.

아침에 경찰이 캠프에 도착했을 때 무슨 일이 일어났는지 알아냈

내가 지난 번에 이야기했던 가족 기억해?
임신한 쌍둥이 엄마?

"경찰이 엄마의 뺨을

세 번이나

때렸어."

난민 등록 2016년 2월 20일

됭케르크 그랑드 신테

난민 등록 2016년 2월 20일

됭케르크 그랑드 신테

난민 등록 2

됭케르크 그

난민 등록 2016년 2월 20일

됭케르크 그랑드 신테

부 두
자동차 연락선

영국 출입국
관리 사무소

영국을 가리키는 도로 표지판이 보인다. 그러나 우리는 여전히 프랑스 땅에 있다.

이민자를 체포했다.
서쪽 부두.

미국인들이 왔을 때 그 사람들이 형에게 통역 일을 맡겼어요. 어느 날 밤, 우리는 미국인을 위해서 일하는 것을 그만두지

않으면 형이 죽게 될 거란 내용의 쪽지를 받았어요. 며칠 뒤에 형이 사라졌어요. 우리는 형을 찾을 수 없었어요. 그리고

어느 날 아침에 대문 앞에서 머리가 잘린 형의 몸뚱이를 발견했어요.

우리 남편은 강제수용소에서 경찰한테 맞아 죽었어요.
남편의 시체는 형체를 알아볼 수 없었어요.

우리 대답이 조사관 마음에 안 들면 그들은 우리한테

뜨거운 물을 부었어요.

고문 의자 때문에 너무 아파서 나중에는 쇠막대기나 발로 차여도 고통을 느낄 수 없었어요.

그들은 담뱃불로 나를 지졌어요. 그런데도 아무 것도 느낄 수 없었어요.

오로지 내 살이 타는 냄새만 맡을 수 있었어요.

그들은 삽자루가 부러질 때까지 교대로 나를

때렸습니다.

내 어깨와 다리를 잡더니 펜치로 내 고환을 잡아 당겼습니다.

꼬챙이로 전기 충격을 가했어요. 왼쪽 다리, 오른쪽 다리, 가슴, 배. 그들이 내 두 손을

잡고 기계 위에 올려놓을 때 나는 너무 무기력해져 있어서 저항조차 할 수 없었어요.

나는 그날이 내 인생의
마지막 날이라고
생각했어요.

우리나라에서 저 같은 동성애자들이 숨을 곳은 없습니다. 사람들은 경찰이 출동할거라 기대하지 않아요.

경찰이 매수되었다고 생각하기 때문입니다. 그래서 그들은 타이어에 석유를 들이붓고 동성애자를 불에

태워버릴 겁니다.

총소리가 울렸지만 아무도 거리로 나오려 하지 않았지요.

나는 가족들과 며칠 동안 집 안에만 머물러 있었어요. 두려웠기 때문입니다.

정확한 날짜를 말씀드릴 수는 없어요. 마지막 날엔 빵이 다 떨어졌어요.

먹을 것이 아무것도 없었습니다.

군인들이 우리 집을 둘러싸더니 강제로 문을 밀어 젖혔어요. 군인들은 집에 들어와서

남편을 붙잡고, 남편의 두 손을 잡아 등 뒤로 묶더니 아이들이 보는 앞에서 내 옷을 모두

벗겼어요. 그러더니 군인 한 명이 칼로 남편의 목을 찔렀어요. 나는 "제발 남편을 살려

주세요! 남편을 제발 살려주세요!"라고 울부짖었어요. 군인들은 이렇게 말했어요.

남편을 살리고 싶으면 다리를 벌려야 한다고 했어요. "그러면 우리는 당신과

섹스를 하는 거지."라고 말했어요.

한 남자가 나를 샀어요. 그 사람에게 나는 나는 동물이나

물건 같은 거였어요. 그냥 사물이었던 거죠. 그는 너무 심하게

나를 학대했어요. 그가 결국에 나를 죽일 것 같아 두려웠죠.

가슴이 나온 소녀는 여자로 생각되지요. 그들은 여자를 강간해도

된다고 생각해요. 어떤 소녀들은 열 살이나 열한 살밖에 되지

않았어요.

한 소녀가 도망가려고 했는데, 그들이 도망가는 아이의 등 뒤에서 총으로

머리를 쏘았어요. 그리고 우리는 소녀의 몸을 밟아야 했는데 그때 머리가

심하게 깨져서 뇌가 흘러내리는 것을 보았어요.

그들이 나에게 무슨 짓을 했는지, 그리고 강제로 나한테 어떤 짓을 시켰는지 자꾸만 떠올라.

자다가도 여러 번 깨어나서 입을 헹궈요.

나는 과거도 없고 미래도 없습니다. 나는 일정한 둥지 없이 사는 새가 된 느낌이에요.
내 심장은 언제나 두근거리죠. 앞으로 어떤 일이 벌어질지 몰라 항상 떨고 있어요.

조국을 떠나던 날 슬픔에 잠겼어요.

모든 걸 두고 떠나요. 사랑하는 사람들을 떠나보내고 앞으로 어떤 일이 벌어질지 모르죠. 나는 운이 좋았어요. 살아있어서 감사하죠.
하지만 이런 생각도 들어요. "나는 왜 살아있지? 이 세상에 혼자 살아남은 것이 무슨 소용이야?"

당신이 그들을 난민이라고 생각한다면, 그저 더 편하게 살기 위해
이민하려는 이들을 심각하게 오해하고 있는 것이다.
소위 칼레의 '난민'이라고 불리는 사람들이 정말 망명이
절실하다고 말할 수 있을까?
그중 99퍼센트는 그저
제도를 이용하려는 기회주의자일 뿐이다.

그런가?
칼레의
난민지원사무국을 다시 열고,

무엇이 진실인지 알아보라.

147

그 아이는 차량 뒤쪽에 실리고, 문은 세게 닫힌다.

동물을 가두는 우리처럼

승합차의 창문에는
철창이 세워져 있다.

제트는 창문에

손을

갖다 댄다.

그리고 아이도 차 안에서 손을 갖다 댄다.

동정심 넘치는 자유주의자들

아마도 내 심장에서 모든 피가 빠져나간 듯싶다.

종이처럼 얇아진 느낌이다.

심장이 언제라도 두 개로 찢어질 것 같은 느낌이다.

세관 검문을 통과한다. 마법은 계속된다.

세관

세관 → 출구 ↑

우리는 속력을 낸다. 우리 뒤로 항구가 천천히 멀어져 간다.

좌측
통행

우리는 후슈야르를
그의 삼촌 집에 데려다 준다.

가족의 피는 영국 해협과 라인강, 지중해,
티그리스강의 모든 물보다 진하다.

나는 후슈야르와
이렇게 작별하고 싶다.

하지만 나는 다른 이야기도 만들어낼 수 있다. 그리고 이 이야기는 실제로 벌어질 수 있는 일이다.

세관 직원이
차의 뒷문을 열고

그리고 나의 세계는 밑바닥까지 떨어진다.

불법 입국으로 몇 년 동안
감옥에 갇힌다.

이제 엄마한테
작별인사를 하렴.

우리는 이 쓰레기를
불에 태워 제거해야 한다.
다른 방법은 없다.

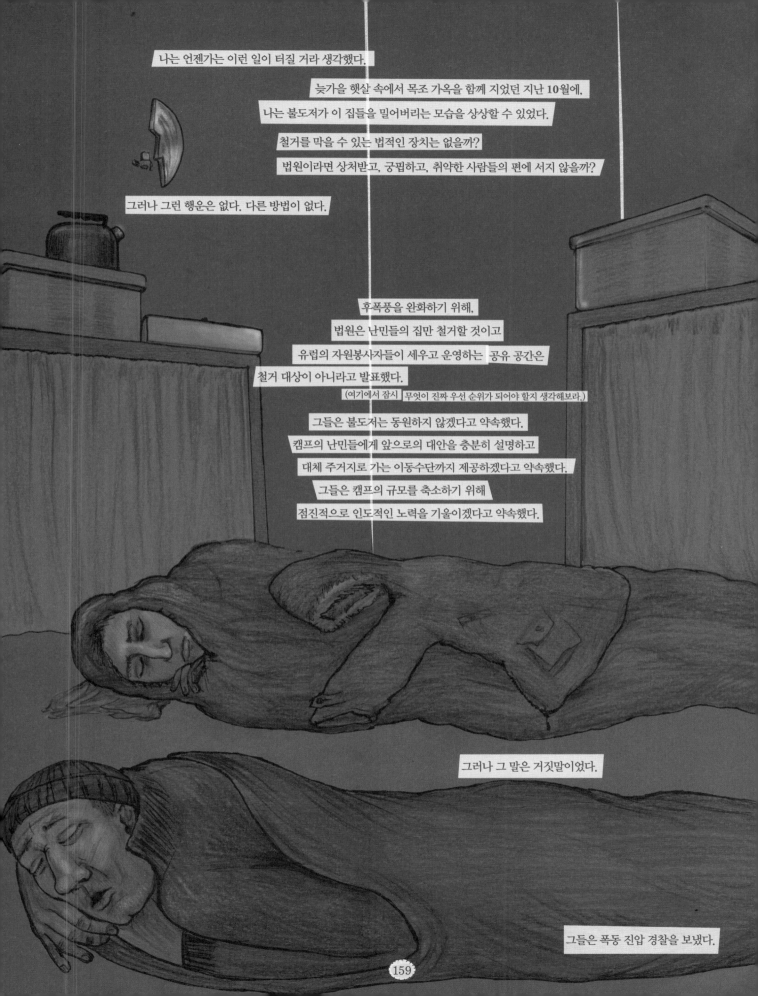

나는 언젠가는 이런 일이 터질 거라 생각했다.

늦가을 햇살 속에서 목조 가옥을 함께 지었던 지난 10월에,

나는 불도저가 이 집들을 밀어버리는 모습을 상상할 수 있었다.

철거를 막을 수 있는 법적인 장치는 없을까?

법원이라면 상처받고, 궁핍하고, 취약한 사람들의 편에 서지 않을까?

그러나 그런 행운은 없다. 다른 방법이 없다.

후폭풍을 완화하기 위해,

법원은 난민들의 집만 철거할 것이고

유럽의 자원봉사자들이 세우고 운영하는 공유 공간은

철거 대상이 아니라고 발표했다.

(여기에서 잠시 무엇이 진짜 우선 순위가 되어야 할지 생각해보라.)

그들은 불도저는 동원하지 않겠다고 약속했다.

캠프의 난민들에게 앞으로의 대안을 충분히 설명하고

대체 주거지로 가는 이동수단까지 제공하겠다고 약속했다.

그들은 캠프의 규모를 축소하기 위해

점진적으로 인도적인 노력을 기울이겠다고 약속했다.

그러나 그 말은 거짓말이었다.

그들은 폭동 진압 경찰을 보냈다.

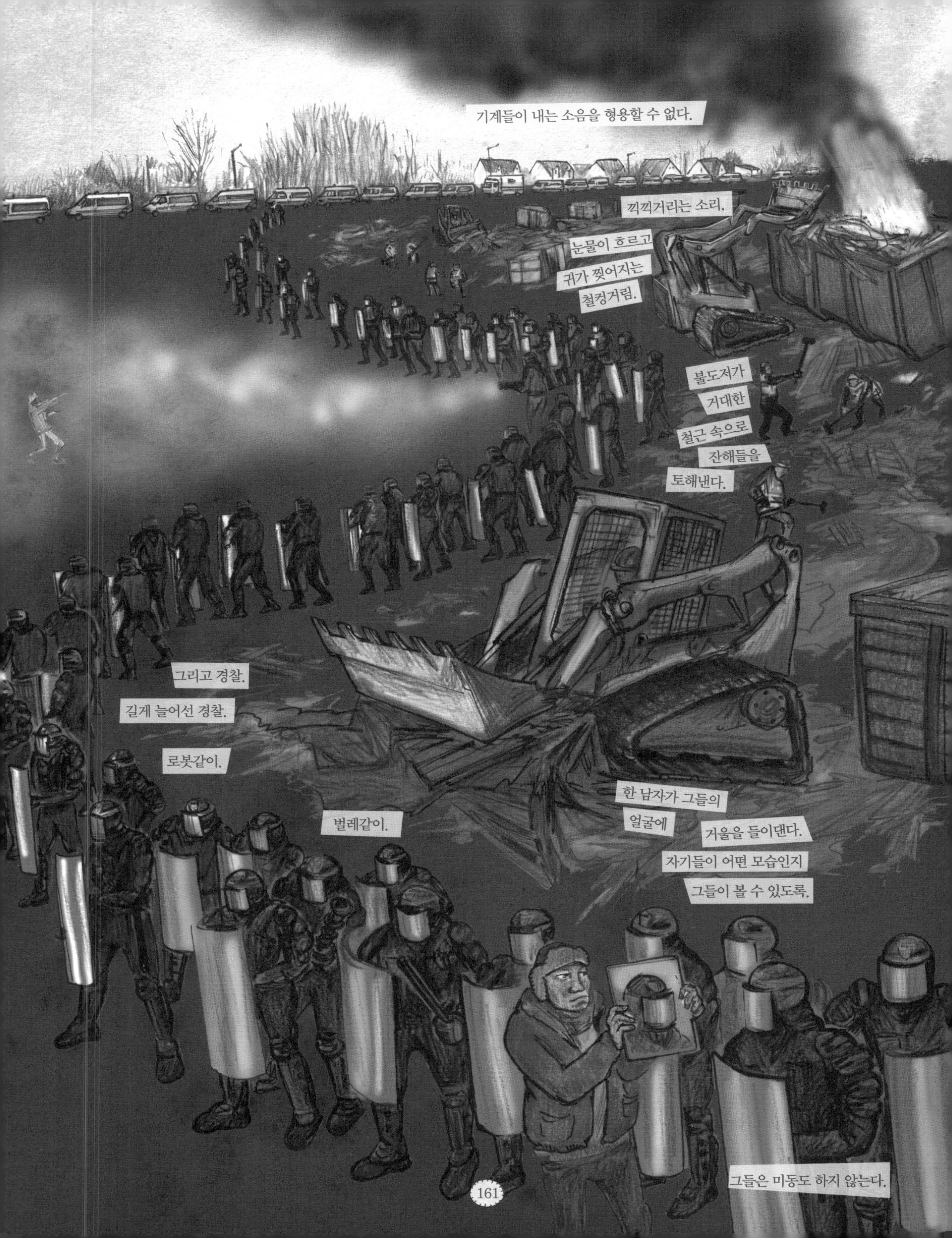

기계들이 내는 소음을 형용할 수 없다.

끽끽거리는 소리.

눈물이 흐르고

귀가 찢어지는

철컹거림.

불도저가

거대한

철근 속으로

잔해들을

토해낸다.

그리고 경찰.

길게 늘어선 경찰.

로봇같이.

벌레같이.

한 남자가 그들의

얼굴에

거울을 들이댄다.

자기들이 어떤 모습인지

그들이 볼 수 있도록.

그들은 미동도 하지 않는다.

나는 뉴스에서 후슈야르의 집을 본다.
최루탄으로 후슈야르의 집이 불타오른다.

나는 딸아이의
학교 밖에 서서
내 휴대전화의 화면 위에서 펼쳐지는
불온한 영화의 한 장면을 바라본다.

최루가스가 낯익은 거리로
피어오르고 있다.

몇 초가
흐르고

화면이
멈춘다.

그리고 얼마 안 있어 두 형체가 유독성 연기에서 나타난다.

어른,

그리고 아이.

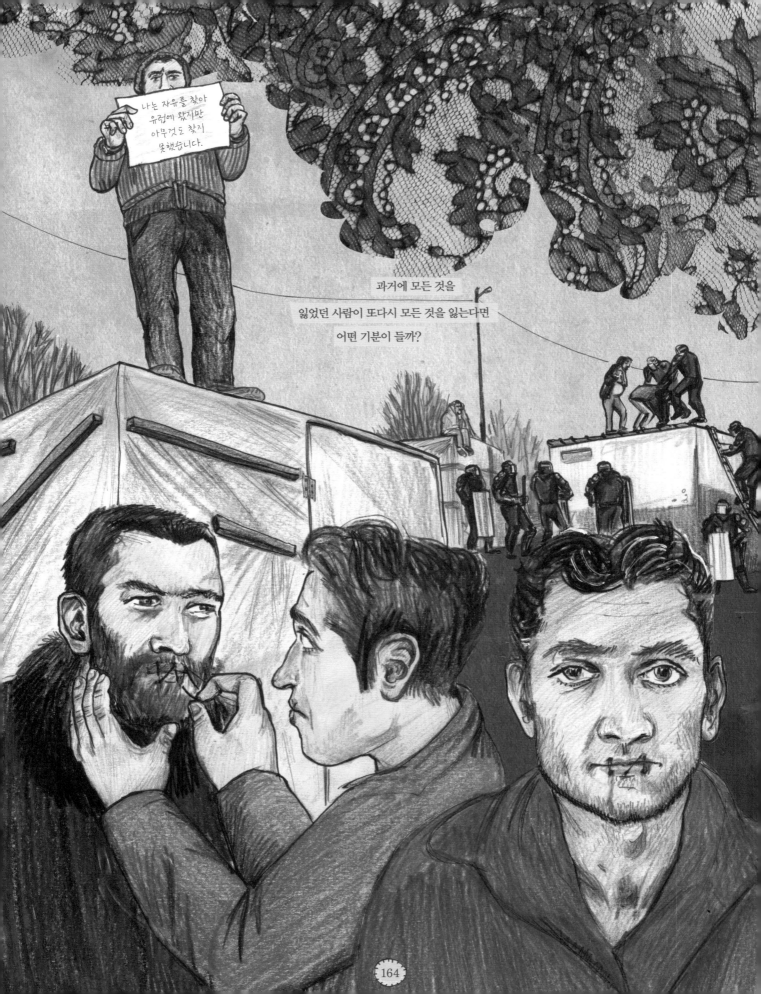

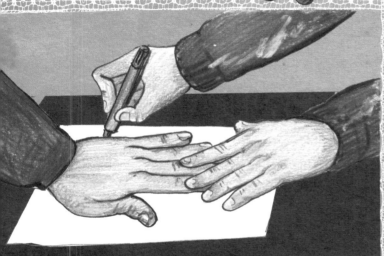

캔버스 위와 돔의 벽에 물감을

두껍게 칠한다.

바깥의 훼손된 모습을

가리기 위해.

2016년 3월 10일

철거가 종료된다.

잔해에서 올라온 연기는 조용히 현장 위로 부유한다.

돔은 해체되었고, 수는 돔이 있던 자리에 서 있다. 그녀 앞에 종이 모형 한 무더기가 쌓여 있다.

척색 사이에 있는 붉은 색 테이프 위로 종이를 건다.

2016년 3월, 수잰 파트리지(Suzanne Partridge).

혼자 있던 사람은 아이들뿐만이 아니에요.
이곳의 모든 사람이 다 외톨이예요.

퇴거가 진행되는 동안 129명의 홀로된 아이들이 캠프에서 사라졌다.

그 아이들이 어떻게 되었는지 아는 사람은 아무도 없다.

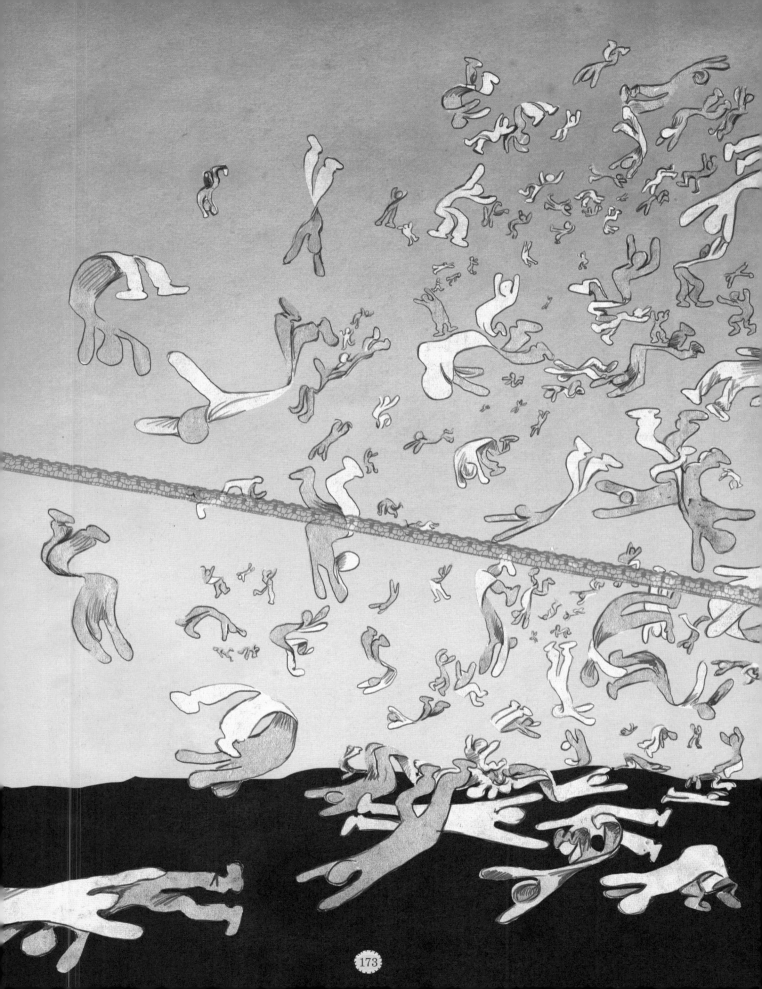

봄

2016년 3월 7일

됭케르크 시장과
구호단체 국경없는의사회는
됭케르크에 엄청나게 개선된 새로운 캠프를 연다.

사생활이 보장되는 가족 오두막집.

식료품이 잘 갖춰진 공동 부엌.

자유롭게 이동할 수 있고,

난민 등록을

강요받지도 않는다.

진짜 보금자리도 아니고,   그들의 종착지도 아니지만 예전보다 훨씬 나아졌다.

전보다 따뜻하고,   안전하며 깨끗하다.

아이들은 진흙에서 벗어나
포장된 도로 위를
달리며 신이 났다.

에브서도 아이들과 함께 한다.

2016년 칼레의 봄.

폭탄이 계속 떨어지고 총알이 이 땅을 통치하는 동안에도

칼레에는 난민이 있을 것이다.

사람들은 결코 희망을 버리지 않는다.

사람들은 좋은 기회를 찾고 있다.

간절한

기회를.

지금도 정글 난민촌에는

철거되지 않은 집들이 있다.

여전히 불법 텐트와

판자촌의 판잣집이

카라반 옆으로

빽빽이 들어서

컨테이너 박스의

그림자 아래

웅크린 채 모여있다.

일요일 저녁의 비스듬한 햇살 속으로

젊은 남성들 무리가 걸어간다.

176

그들은 불도저가 밀어버린
자기들 집의 잔해가 있는
황량한 공터로 나아간다.

*이제 진짜
배트를
사용해요.

그들은 위킷**과 방망이, 공을 마련했다.

그루터기에 서서

실눈으로 태양을 바라본다.

어떤 삶이 굴러오더라도 그들은 준비가 되어있다.

만일 영국이 필요한 사람 누구에게나
피난처를 제공한다면 자원과 땅,
일자리, 집이 언제까지고
남아 있겠는가?

희망

이민자들은 당신의 일자리를 빼앗지 않는다.   이민자들은 오히려 일자리를 창출한다.

이민은 경제적 성장을 이끈다.   이민자들은 대개 젊고, 의욕적이며, 열심히 일하기 때문이다.

그리고 통계적으로 그들은 자국민들보다 국가 보조금을 많이 요구하지 않는다.   영국 인구는 고령화되고 있다.

그래서 영국에는 생산적인 노동을 할 수 있는 이민자들이 필요하다.

독일은 수백, 수천 명의 난민을 받아들이고 있다.   이것은 자선 행위가 아니다.

난민으로 말미암은 경제적 효과가 크다고 판단했기 때문에 받아들이고 있는 것이다.

난민을 빈곤 속에 가둬두고, 영국에서 가장 가난한 지역에 거주시키고, 일을 하지 못하게 막는다면 경제적 효과는 발생하지 않는다.

현재 망명 신청 절차는 형식적이고 시간이 오래 걸려서

난민들을 정신적으로 매우 지치고 불안하게 한다.

그것은 경제적 효과를 고려한 결정이 아니라 정치적 판단이다.

이민은 거부할 수 없는 현실이다.

우리는 사람들이 자신들의 조국을 떠나는 일을 막을 수 없다. 그 길이 그들의 목숨을 구하는 유일한 길이기에 더욱 그러하다.

저렴한 이민 노동자들이 영국 국민의 임금과 노동 환경을 위협할 수 없도록 막기 위하여 우리는

'불법' 이민자들을 합법화하고, 노동조합에 더 많은 권한을 줘야 하며,

노동자들이 생계를 유지하기 위한 최저 임금 제도를 제대로 시행해야 한다.

생산적으로 일할 수 있는 곳으로 사람들이 이동한다면   우리가 사는 세상 전체에

이로운 일이 될 것이다. 수학적으로는 모든 국가적 장벽을 제거할 경우 전 세계 국내총생산(GDP) 이 지금의 두 배가 된다고 한다.

이는 전 세계 경제가 성장하도록 인간이 할 수 있는 유일한 방법이다.

던스턴과 프라티니(Dunstan and Frattini), 〈이민이 영국에 미치는 재정 효과(The Fiscal Effects of Immigration to the UK)〉,

클레멘스와 프리처드(Clemens and Prichard), 〈이민 제한으로 인한 새로운 경제적 사례(The New Economic Case for Migration Restrictions)〉, 노동여구보고그(Institute for the Study of Labor)

난민을 받아들이면 영국 국민은 국가에서 지원해
주는 치료를 빨리 받지 못하게 된다.
나아가 원하는 학교에 자녀를 보낼 수 없게 된다.
난민 옹호론자들은 정작 자국의
노숙자들은 왜 돕지 않는가……

긴축 정책이 필수는 아니다.   도입 여부는 정치적 판단이다.   공공서비스는

빈민층에서 부유층으로 부를 편중시킨다는 이유로 비판받기도 한다.

불평등은 우리 경제의 토대를 침식하고,   민주주의를 약화시키고,   극우파의 부활을 부채질한다.

그런데도 어찌된 일인지 우리는 너무 쉽게   부유층보다   극빈층에게 우리가 겪는 고난의 책임을   지운다.

긴축 정책을 시행하더라도 영국 정부는 무기 산업에   계속   보조금을 지급할 것이다.

영국은 전 세계에서 두 번째로 큰 무기 수출국이다.

영국이 이라크와 시리아에서 자행한 폭격은 각각 1백만 파운드의   비용이   들어간 것으로 추산된다.

난민 위기를 촉발한 전쟁에는   자금을 동원할 수 있어도   난민의 고통을 경감하기 위한 자금은 확보하기 어려운 모양이다.

"납세자는 IS 공습 비용을 얼마나 부담할까?(How much will airstrikes on IS cost taxpayer?)", 스카이뉴스(news.sky.com), 2016년 9월 24일자.

존 스톤(Jon Stone), "현재 영국은 전 세계에서 두 번째로 큰 규모의 무기 거래국이다(Britain is now the second-biggest arms dealer in the world)", 인디펜던트(www.independent.co.uk), 2016년 9월 5일자.

"불가피하게 우리는 영국에서 국경 개방 지대를 둘 예정입니다. 우리는 유럽에서 이미 목도하고 있습니다.

전 세계 사람들의 이동은 무엇을 의미할까요? 이제 국경은… 무의미해질 것입니다."

2016년 1월 31일 일요일.

존 맥도널(John McDonnell), 영국 노동당 예비내각 재무장관.

181

2016년 9월 21일

영국 정부는 200만 파운드를 들여 칼레 항구 주변에

4미터 높이의

장벽을 세우는

건설을 시작한다.

감사의 말

수(Sue), 케이트(Kate B.), 메리(Mary), 올리(Ollie), 앤지(Angie), 루(Roo), 조(Jo), 그레인(Grainne), 헤티(Hettie), 이몬(Eamonn), 제이프(Jape), 로언(Rowan), 헤이즐(Hazel), 개탄(Gaetan), 칸디다(Candida), 커린(Corinne), 린다(Linda), 린(Lynne), 나딘(Nadine), 레이철(Rachel T.), 앤디(Andy H.), 앤디(Andy P.), 세라(Sarah), 존(John), 페데리코(Federico), 타반(Taban), 수한(Suhan), 톰(Tom), 미프시(Mipsie), 로지(Rosie), 애덤(Adam), 앨리스(Alice), 매튜(Matthew), 그리고 사랑하는 남편 도나쉬(Donach)에게 감사합니다. 그리고 이 책에 담긴 사연의 주인공이자 익명으로 등장하는 모든 난민들에게 감사합니다.